| 教育部卓越幼儿园教师培养改革项目研究成果 |

| 国家一流本科专业建设点项目成果 |

| 江苏省高校一流本科专业项目成果 |

Research on Cultivation of Undergraduate Qualified Personnel in Preschool Education

学前教育专业本科人才培养研究

南京师范大学学前教育专业 编

江苏凤凰教育出版社

《学前教育专业本科人才培养研究》

编写委员会

用“活教育”思想引领研究型本科人才培养

——《学前教育专业本科人才培养研究》出版说明

南京师范大学学前教育专业（以下简称“南师学前”）的历史最早可追溯到1943年由中国“幼教之父”陈鹤琴先生创办的国立幼儿专科学校。在那里，陈鹤琴先生开始实验其影响深远的“活教育”思想。1952年，陈鹤琴以南京师范学院（南京师范大学的前身）院长身份兼任全国首个独立设置的幼儿教育系主任。多年来，南师学前一直秉承“活教育”的师范教育理念，2014年以“鹤琴之旅——研究型幼儿园教师培养”获批教育部卓越幼儿园教师培养计划，2015年在“活教育”思想的引领下，南师学前获批江苏高校品牌专业建设工程一期项目，2018年以“尚师德、强能力、重融合、善反思”的研究型本科人才培养体系的构建获全国高等教育教学成果二等奖。这本《学前教育专业本科人才培养研究》是我们继《高校学前教育专业课程与教学研究》（2015）和《高校学前教育专业建设研究》（2017）后的第三本教学研究专辑，也是我们持续探索“活教师教育”的重要成果结晶。

本辑教学研究论文包括三个版块：专业意识与质量建设、课程资源与教学改革、见习实习与实践创新。其中，第一版块是通过“活教育”的目的论（做人、做中国人、做现代中国人）来强化研究型本科人才的专业意识与质量规格，始终坚持“学生中心、产出导向、持续改进”的基本理念，注重学生发展；第二版块是通过“活教育”的课程论（大自然大社会都是活教材）来强化研究型本科人才培养中的课程资源与教学改革，坚持以学生发展为中心，落实以本为本，着力深化教育教学改革，通过活资源、活教师来培养活学生；第三版块是通过“活教育”的方法论（做中教、做中学、做中求进步）来强化研究型本科人才培养中的见习实习与实践创新，通过“做”来推动“活”，创造性地提出了“迎上一公里”

“服务一辈子”等理念，还探索建设了“知童在线”本科生创新创业实践平台，全方位提升了本科人才培养质量。

本辑撰写者不仅有南京师范大学学前教育系全体教师，而且有本科学生，其中本科学生包括已毕业本科生和在校本科生。透过学生的视角，我们更加可以看到研究型本科人才培养体系的全景，看到南师学前在专业建设过程中的成就与不足，看到用人单位的肯定、激励与期待。我们将继续秉承“鹤琴传人”的风骨，坚持理论与实践相结合的“顶天立地”的追求，致力于培养“尚师德、强能力、重融合、善反思”的研究型本科人才，不断完善高质量、国际化、示范性的学前教育本科人才培养体系，提升“南师学前”品牌的国际国内影响力。

《学前教育专业本科人才培养研究》是一个没有终点的探索之旅，未来我们要在人工智能与互联互通的大背景下，进一步立足陈鹤琴的“活教育”思想，寻求当代本科人才培养的突破口，探索“互联网+学前教育”的理论与实践的新模式、新思路，继续扩大在线开放课程、远程互动实验室、“南师学前，放眼世界”微信公众号、“知童在线”等的影响，全方位拓展课程资源，在“真知活学”的“活教育”理念下进一步推动学前教育本科人才培养体系的深度改革。

《学前教育专业本科人才培养研究》编委会

2020 年 3 月

序

加强本科专业建设，提高本科教育质量，是国家高等教育的重要努力方向。建设好一批一流本科专业，不断提升人才培养的质量，从而为民族复兴伟业提供人力资源的支撑，是高等教育的重要任务。因此，我们要不断总结和提升本科专业建设的经验，形成高等学校专业建设的南师大理论和南师大模式，为学校的长远发展打下更加坚实的基础。

南京师范大学学前教育专业作为我省历史悠久、后劲充足的专业之一，在我省学前教育的跨越式发展中一直发挥着领航者的作用。首先，南师大学前教育专业多年来为我省培养了一批又一批扎根一线、倾情教育的特级教师、名园长、业务骨干，为江苏高质量推进学前教育提供了重要的人力资源；其次，南师大学前教育专业一直坚持理论联系实际的专业态度，所有专家都定期去不同的幼儿园，与一线老师开展经常性教研，将自己的专业理论研究转化为指导实践的具体做法，不断提高一线教师观察儿童、开展教研、创生课程的能力，不仅如此，南师学前的所有年轻老师还定点在幼儿园浸泡一年，全面了解幼儿园的日常生活，了解儿童的需要和教师的困惑，为自己的专业研究提供更接近实践的土壤；再次，南师大学前教育专业多年来开展了多种类型的学前教育培训，有面向江苏省和其他省份本、专科院校学前教育专业负责人或各专业方向教师的，也有面向一线幼儿园教师和园长的，培训的形式与内容都既切合老师们的需要，也非常的生动活泼，以一种研究的方式来做培训，为全面提升我国学前教育各层次师资力量提供了重要的智力支持；最后，江苏 2013 年开始启动的课程游戏化项目之所以在省内外取得如此大的影响力，也得益于南师大学前教育专业各位老师的倾情参与和不懈努力。

近年来，南师大学前教育专业也在不断追求卓越中获得了大发展，2015 年获批江苏高校品牌专业建设工程一期项目，2019 年成为江苏省高校一流本科专业、国家一流本科专业建设点。2017 年《尚师德、厚基础、善融合、强能力：学前教育研究型本科人才培养体系创新与构建》获江苏省教学成果（高等教育类）特等奖，2018 年《尚师德、强能力、重融合、善反思——学前教育研究型本科人才培养体系的构建》获国家教学成果（高等教育类）二等奖。

南师大学前教育专业不负国家一流专业声名，在理论研究、教学改革、实践干预三方面都引领全省、示范全国。作为“鹤琴传人”的南师大学前教育专业始终坚持陈鹤琴先生的“活教育”思想，努力培育“活教师”，运用“活课程”，建构“活理论”，培养“活学生”，而本辑《学前教育专业本科人才培养研究》便是其践行“活教育”的结晶，是在陆续出版《高校学前教育专业课程与教学研究》（2015）和《高校学前教育专业建设研究》（2017）后的又一重要教学成果。我期望南师学前能坚守好传统、立足新起点，全员全方位全过程立德树人，继续保持行业领先，努力发挥对江苏乃至全国学前教育专业的引领作用，不断提升“南师学前”品牌质量，为江苏学前教育事业和高等教育的发展做出更大的贡献。

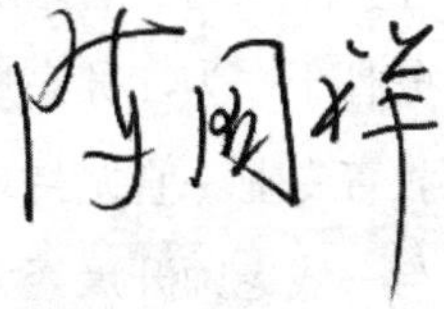

2020 年 5 月 20 日

目 录

第一部分　专业意识与质量建设

第二部分　课程资源与教学改革

第三部分　见习实习与实践创新

第一部分

专业意识与质量建设

学前教育专业何以“顶天立地”

顾荣芳　万　丹

《中共中央 国务院关于学前教育深化改革规范发展的若干意见》（以下简称《意见》）的颁发是学前教育界的大事，意味着学前教育的春天已然到来，广大学前儿童的幸福童年有了新的保障，学前教育的普惠优质发展有了新的希望。《意见》通过立足深化改革和规范发展，旨在重视和提高学前教育质量。“教育大计，教师为本”，幼儿园教师队伍的专业水平是制约我国学前教育优质发展的重要因素，由此可见，高校学前教育专业建设是提高学前教育质量的基础工程。通过认真学习和深刻领会《意见》精神，我们发现其对高校学前教育专业建设有以下三点启示。

一、高度重视学前教育专业建设，明确培养定位

《意见》对幼儿园师资培养提出以下目标：从数量上来说，“到 2020 年，基本形成以本专科为主体的幼儿园教师培养体系，本专科学前教育专业毕业生规模达到 20 万人以上”。从质量上来说，强调“办好一批幼儿师范专科学校和若干所幼儿师范学院，支持师范院校设立并办好学前教育专业。中等职业学校相关专业重点培养保育员……扩大有质量教师供给”，反映了国家对于幼儿园师资又快又好发展的希冀。幼儿园准师资培养质量与高校学前教育专业建设状况息息相关，

基于此，高度重视学前教育专业建设是助力学前教育优质发展的应有之义。

重视高质量的学前教育专业建设，要求各级各类师范院校根据自身特点明确学前教育专业的培养目标和毕业要求。这是一种“以产出为导向”的新型人才培养观，体现了高校作为培养主体对于学前师范生学习结果的负责精神。此外，培养目标和毕业要求是高校学前教育专业的前行目的地，明确定位培养目标和毕业要求有助于高校学前教育专业反向设计人才培养举措。

根据目前我国学前教育专业人才培养的学历层次以及用人单位对于幼儿园师资的不同期待，各级各类师范院校学前教育专业的毕业标准至少可以分为三种，分别对应专科层次、本科层次和研究生层次，不同层次的师资培养有不同侧重。早在2014年，相关学者即已结合全美幼教协会早期教育师资培养标准的变革经验提出，学前专业的专科毕业标准可定位于培养能够在幼儿园、早期教育机构从事0～6岁儿童保教工作的合格师资，学前专业的本科毕业标准可定位于培养能够在幼儿园、早期教育机构从事0～6岁儿童保教工作的优秀师资，学前专业的研究生毕业标准可定位于培养能够在早期教育理念引领和实践提升方面具有领导力的专业人员。另外，保育员的专业水平也会对学前教育质量发展产生影响，因此其培养也需保质保量。建议中等职业学校的相关专业明确保育员的培养定位。

以南京师范大学学前教育专业建设为例，该专业根据新时期学前教育事业发展的需要以及教育部《普通高等学校师范类专业认证实施办法（暂行）》（第三级）的要求，明确制定了该专业在“践行师德、学会教学、学会育人、学会发展”四维下的14条毕业要求。该专业对于本科人才的培养设想是“培养以尚师德、强能力、重融合、善反思为特色的研究型幼儿园教师”。同理，培养专科层次和研究生层次幼儿园师资的师范院校也需结合学历层次和社会需求，斟酌、权衡进而明确自身的培养定位，明晰不同层次幼儿园师资在专业知识、专业技能、师幼互动、保教能力、研究能力等专业素养上的共性要求和不同侧重。

二、专业人才培养举措精准到位，匹配课程体系

《意见》指出，要“创新培养模式，优化培养课程体系，突出保教融合，健全学前教育法规及规章制度，加强儿童发展、幼儿园保育教育实践类课程建设，

提高培养专业化水平”。《意见》强调通过各种举措提升幼儿园准师资的专业水准，从而为儿童的全面发展保驾护航。为此，在明确定位培养目标和毕业要求之余，高校学前教育专业建设还需配套采取精准到位的培养举措，各级各类师范院校有必要根据自身的培养设想谋划培养思路、打造课程体系。

课程建设是专业建设的命脉所在，因为所有的专业人才培养举措均需通过课程载体才能得以实现。以南京师范大学学前教育专业本科人才培养为例，该专业构建了包括四大类、九模块的课程体系，强调学前本科人才教育教学能力和教育研究能力并重。

相对来说，专科层次和研究生层次幼儿园师资的培养思路和课程体系与本科层次有所不同，需要根据其对应的培养目标和毕业要求有所调整。比如对于旨在培养合格师资的专科学前专业，可以更加侧重学科基础课程、教育教学能力训练和教育实践课程等，强调专科幼儿园准师资能够掌握并运用专业知识和专业技能与儿童积极互动，从而促进儿童全面发展。而对于旨在培养在理念引领和实践提升方面具有领导力的专业人员的研究生学前专业，可以更加侧重学科基础课程、学科拓展课程、研究方法训练等，注意培养学术硕士研究生扎实的理论基础和开阔的学术视野，使其具备问题意识和研究能力，注意培养专业硕士研究生理论联系实际的意识和能力，以及一定的管理能力。

三、依靠专业认证实现质量托底，凝聚教师合力

《意见》指出，“建立普通高等学校学前教育专业质量认证和保障体系，幼儿园教师队伍综合素质和科学保教能力得到整体提升”“2018 年启动师范院校学前教育专业国家认证工作，建立培养质量保障制度”，突出了专业质量认证的门槛作用，强调依靠专业认证为高校学前教育专业培养质量托底。学前教育专业质量认证是以评促建的大工程，第一级重投入，第二级重规范，第三级重引领，旨在通过分级要求逐步提升学前教育专业的培养质量。

高校学前教育专业质量认证涉及繁杂的事务性工作，与其“临时抱佛脚”，东拼西凑做材料，不如把事务性工作当作学问来做，全体教师精诚合作，系统梳理该专业在培养目标、毕业要求、课程与教学、合作与实践、师资队伍、支持条

件、质量保障、学生发展等方面的达标情况以及主要问题和改进措施，凝练已有成果，反思不足之处，勾勒可期未来，从而使得专业建设稳步提升，准师资人才培养质量不断提高。

专业认证除涉及繁杂的事务性工作之外，更有赖于学前教育专业教师数十年如一日的坚守和探索。

首先，学前教育专业建设，离不开具有教育情怀、高瞻远瞩的专业带头人和系主任。学前教育专业带头人是灵魂人物，他通过树立专业标杆凝聚周边教师力量，感染其他教师积极主动投入到学前教育专业建设的各项工作中。其次，学前教育专业建设，需要一个师德高尚、团结协作的教师团队。需要每位教师都有内在领导力，将专业建设的理想和愿景转化为时不我待、责无旁贷的内在压力，在学前教育专业建设的坚守与探索中勠力同心、砥砺前行。

高度重视学前教育专业建设可谓幼儿园师资培养的顶层考虑，专业人才培养举措精准到位可谓幼儿园师资培养的中流砥柱，依靠专业认证实现质量托底可谓幼儿园师资培养的立足磐石。高校学前教育专业建设只有通过这种“顶天立地”的路径战略，才能真正实现“扩大有质量教师供给”的战略目标，对学前师范生的学习结果负责，对广大儿童的全面发展负责。

学前本科教育质量观

虞永平

一、学前教育专业质量提升的政策背景

在《加快推进教育现代化实施方案（2018—2022年）》（以下简称《方案》）中，国家提出了“双一流”建设的目标，力争到2022年，若干所大学和一批学科进入世界一流行列。我们要深入研究高校建设这一重大目标，在此基础上研究和规划建设一流本科教育，提高专业建设的水平，不断提高本科教育的质量，为国家培养更多创新型人才。

本科教育是大学的根和本。《方案》提出要“坚持‘以本为本’，加快建设高水平本科教育、全面提高人才培养能力。改革教学理念、内容、方法、评价和课程设置等，推进跨院系、跨学科、跨专业、跨学校交叉培养。强化通识知识，加强基础学科，使学生博学与精专统一、人文素养和科学素质兼备、知识积累和创造性思维贯通”。《方案》的这些要求，切中了当前高校人才培养的要害，是未来高校改革的攻坚目标。尤其是对教学理念、内容、方法、评价和课程设置的改革，更是高校专业建设的核心任务，其关键是提升质量，宗旨是培养高素质的人才，这也是需要广大教师积极参与的一项重要工作。

实施“卓越计划”，提升教育质量，是近年来教育部推进本科师范教育的重

要举措。《方案》提出，深入实施“六卓越一拔尖”计划 2.0，加强新工科建设，加强文科、医学、农林教育创新发展，加强基础学科拔尖创新人才培养。实施一流专业建设“双万计划”，即建设一万个国家级和一万个省级一流专业点，引领支撑高水平本科教育。推动“双一流”高等学校率先建成一批一流本科专业，应用型本科高等学校加快建设一流特色专业。开展本科专业保合格、上水平、追卓越三级认证。《方案》的要求，对于我们落实“卓越教师”项目，深化专业建设和改革，不断完善专业体系，具有重要的指导意义。

对本科专业分类设置，本科人才分类培养，是教育部人才培养的重要举措。《方案》要求着力优化人才培养结构，制定高等学校分类设置的有关政策，促进学校找准定位、发挥优势、发展特色；健全高等教育人才分类培养体系，提高应用型人才培养比重；深化本科专业供给侧改革，推动各地区、各行业、各部门完善人才需求预测预警机制。《方案》提出适应新技术、新产业、新业态、新模式对人才培养的新要求，加强相关学科专业建设，主动布局包括学前教育在内的民生急需相关学科专业。《方案》对我们建设学前教育专业提出了明确的要求，要满足社会的需要，这既有数量层面的要求，又有质量层面的要求。从根本上说，还是要提高教育质量。

二、教师教育新政下的学前教育质量

《方案》提出，要建设一支政治素质过硬、业务能力精湛、育人水平高超的高素质教师队伍，为教育现代化提供有力支撑。建设高素质教师队伍的核心是要提高教师教育质量。

师范教育是我国高等教育体系的重要组成部分，也是我国教育事业的“工作母机”。《方案》提出实施教师教育振兴行动计划，要求研究制定师范院校建设标准，重点建设一批师范教育基地；鼓励各地结合实际，适时提高师范专业生均拨款标准；支持高水平综合大学开展教师教育；支持建设教师教育改革试验区；实施卓越教师培养计划 2.0，分类推进中学、小学、幼儿园、特殊教育、中职教师培养模式改革；完善教师教育质量评价制度，推进师范类专业认证。《方案》提出的这些具体政策举措，对于完善专业建设，强化师范专业重要性，增强师范专业职业吸引力，深化师范教育改革，提升教育质量具有重要的意义。

学前教师培养是师范教育的一个重要领域，国家将很多重大的工程和项目纳入了学前师范教育系统，并鼓励学前师范教育的改革和创新。《方案》提出了学前教师教育的基本要求，要提高培养层次，办好一批幼儿师范专科学校和若干所幼儿师范学院，积极推动初中起点五年制幼儿园教师培养，改革实施“国培计划”，实施中小学名师名校长领航工程，建立完善区县教师专业发展体系，大力培养高素质创新型高等学校教师队伍。《方案》所提出的政策和措施，核心还是提高人才培养质量，用优质的教师去创造优质的教育。

《教育部关于深化本科教育教学改革全面提高人才培养质量的意见》（以下简称《意见》）从严格教育教学管理、深化教育教学制度改革、引导教师潜心育人和加强组织保障四个方面对改革本科教育教学和提高人才培养质量提出了具体的要求。尤其强调了要“全面提高课程建设质量。立足经济社会发展需求和人才培养目标，优化公共课、专业基础课和专业课比例结构，加强课程体系整体设计，提高课程建设规划性、系统性，避免随意化、碎片化，……着力打造一大批具有高阶性、创新性和挑战性的线下、线上、线上线下混合、虚拟仿真和社会实践‘金课’。积极发展‘互联网 + 教育’、探索智能教育新形态，推动课堂教学革命。……加强对学生科研活动的指导，加大科研实践平台建设力度，推动国家级、省部级科研基地更大范围开放共享，支持学生早进课题、早进实验室、早进团队，以高水平科学研究提高学生创新和实践能力”。

不但保有重视质量的观念，并能在专业建设和课程教学实践中加以落实，时时处处体现质量的意义，这就是专业培养的质量文化。《意见》指出，要“全面推进质量文化建设。完善专业认证制度，有序开展保合格、上水平、追卓越的本科专业三级认证工作。完善高校内部教学质量评价体系，建立以本科教学质量报告、学院本科教学评价、专业评价、课程评价、教师评价、学生评价为主体的全链条多维度高校教学质量评价与保障体系。……高校要构建自觉、自省、自律、自查、自纠的大学质量文化，把其作为推动大学不断前行、不断超越的内生动力，将质量意识、质量标准、质量评价、质量管理等落实到教育教学各环节，内化为师生的共同价值追求和自觉行动。全面落实学生中心、产出导向、持续改进的先进理念，加快形成以学校为主体，教育部门为主导，行业部门、学术组织和社会机构共同参与的具有中国特色、世界水平的质量保障制度体系”。

关注质量已经是国家发展高等教育和高教管理的核心任务之一，围绕教育质量，《意见》提出了一系列改革要求和举措，对于加强专业建设，推进课程教学改革，提高教学质量具有重要的指导意义。

三、提升学前教育质量的思考

《中共中央 国务院关于学前教育深化改革规范发展的若干意见》（以下简称《若干意见》）中提出：“到 2035 年，全面普及学前三年教育，建成覆盖城乡、布局合理的学前教育公共服务体系，形成完善的学前教育管理体制、办园体制和政策保障体系，为幼儿提供更加充裕、更加普惠、更加优质的学前教育。”普及学前教育和实现学前教育的优质发展，都需要教师队伍的强力支撑。这意味着我国学前专业面临着人才培养数量和质量上的双重要求，尤其是要培养大批优秀的高质量的幼儿园教师。为此，必须长远规划，周密组织，精心落实。

（一）重估专业价值，构建质量伦理

学前教育专业到底是一个怎么样的专业？如何看待学前教育专业对社会的价值？答案直接关系到我们应该如何建设专业和应该建成一个怎样的专业。学前教育专业是培养未来的幼儿园教师的，是培育为人类个体人生发展领航的导师的，因此，幼儿园教师的水平和质量对未来一代又一代人的成长至关重要，幼儿园教师的质量是关系到国家和民族未来的大事。《若干意见》在强调提高幼儿园教育质量的同时，特别强调加强学前师范教育的改革和发展，强加专业建设和课程改革，不断提高人才培养的质量。因此，学前教育专业建设的水平和质量关系到双重教育质量：一是师范生即准教师的质量；二是幼儿园教育的质量，主要是儿童发展的质量。幼儿园教育是全科性的整体性教育，幼儿园三年中，儿童可能每年仅接触两位老师，有些儿童甚至三年仅接触两位老师，老师的水平和质量对儿童人生的开端非常重要。总体上说，学前教育专业的水平和质量决定了未来一代接受早期教育的水平和质量，决定了一个国家未来一代人才的起点。

学前教育是一代人影响另一代人，从而再影响下一代人的专业，是明显具有

代际影响的专业。更重要的是3～6岁儿童处于生长发育的重要时期，可塑性大，影响也最有效，如何充分有效地利用幼儿园教育的时期对儿童产生积极有效的影响，是长期以来世界各国都在努力探寻的重大课题。加强师资培养无疑是影响幼儿园教育的重要手段。

鉴于学前教育专业的特殊性，尤其是对个体人生和国家民族的特殊价值，学前教育专业必须构建专业建设和专业教育的质量伦理。学前教育专业质量伦理不但是对每一位学生负责，其根本是对未来负责，对国家和民族负责。用坚定的专业态度和专业精神，过硬的专业素养培育一代又一代高质量的幼儿园教师，不但要深入关注学生的发展，关注学生的身心发展特点和规律，还要关注学生未来的教育对象的身心发展规律和学习特点，为未来而教，为可持续的社会而教。从警示的意义上说，专业建设质量伦理就是要求一切服务于质量，把质量作为专业建设的核心标准，无益于质量的事不做，有损质量的事坚决不做。

（二）实现课程变革，践行有效教学

课程是人才培养的重要保证，也是教育质量的重要保证。教育现代化建设需要怎样的未来幼儿园教师，学前教育专业就应该根据需要构建相应的专业体系和课程教学体系，这是确保教育质量的关键步骤。今天，我国的学前教育专业体系尤其是课程教学体系存在指向性、结构性和时代性三个方面的问题，必须下决心深化改革，创新发展，系统地解决这些问题。

所谓指向性问题是指到底培养什么样的人不清晰，看似高大、宏伟，实则不清晰、不明确。培养什么样的人关系到培养目标的设定和毕业要求的问题，从根本上说是建立一个全面、庞大的目标体系，还是把握基础，突出重点，因人而异，追求最现实、最经济、最有效的培养目标，都需要明确培养的指向性。当今学前专业建设中存在的问题是培养目标宏观、庞大和无差异，使目标难以真正引导课程的规划和设计，难以真正实现。

所谓结构性问题就是培养目标和课程、教学结构的不合理。培养目标中看不出重点和核心，不能体现专业核心追求；课程结构中，真正属于专业素养培养的课程比例普遍较低，对幼儿园教师特别重要的素养尤其是专业能力，课程的支持明显乏力；教学结构的不合理表现在课堂教学、教师讲解、知识教学的比例过

重，训练动手能力、解决问题的能力和批判能力的机会过少。

所谓时代性问题是指课程内容和教学内容不能真正反映时代的特点和要求，反映专业领域在当今世界中的发展与变化。时代性不只是课程内容和教学设备上局部的变化，这种变化应是来自时代的召唤，有特定的理念支撑，是有根基的发展，而不是“依样画葫芦”的模仿。时代性最终要落实到具体的课程与教学之中，首先应体现在价值立场和观念的变革，使课程内容和教学内容真正站在时代的前沿。

因此，学前教育专业的课程与教学的变革必须是系统的，专业本位的，是一个研究过程，不是行政运行过程。这里涉及对社会需要的把握，对学生发展情况和专业思想的把握，涉及对专业教师队伍的把握等等。只要专业建设还只是关注占总课程30%～40%的专业性课程，那意味着真正的课程改革就没有到来，只要专业课程还是在现有的课程中挑选，那意味着专业建设就还没有上路。我国学前教育专业的建设必须整体规划，系统思考，精心设计，创新实践。

（三）坚持科研反哺，促进质量提升

学科与专业的关系主要表现在科研与教学的关系，其中科研如何反哺教学是一个老生常谈却没有得到充分重视的问题。科研反哺教学是确保教学时代性、先进性和有效性的关键所在。学前教育专业中存在两种情况值得关注：一种是丰富的科研成果没人关注，没有着力向教学转化，没有起到提升和改变教学的作用；二是教学在努力寻求有支撑作用的科研成果，但有用的科研成果太少，科研成果难以给教学改革提供适宜的支撑。如何才能改善这种情况呢？

第一，需要正确理解科研的教学价值。总体上说，学前教育学科是接近实践的学科，是可以并应该为教育实践服务的学科，尤其是应该为学前教育专业人才培养提供支撑的学科。无论是原理性的研究，还是实践性的研究，都将对本科人才培养提供现实的指导。尤其是一些比较性的、实证性的研究，对学前教育专业培养体系的建设具有重要的作用。回顾和总结我国学前教育专业建设的历程，可以发现，以研究为导向、注重科研成果反哺作用的课程建设更能促进课程与教学的改革，更能提升教育质量。

第二，需要形成科研反哺教学的意识。要有借鉴科研成果推进专业建设的意

识，要养成向研究成果寻求专业支撑的习惯，真正实现教学与科研的融合，学科建设与专业建设的协调。要对学前教育领域中大量的研究成果深入分析，用以推进专业建设。

第三，需要形成科研反哺教学的制度。科研成果反哺学前教育专业建设的推进需要制度的支持，要从专业建设的实际出发，形成把握科研成果、对照实践问题、筛选和合理利用相关资源的一整套制度，使成果利用不是为用而用，而是针对问题，针对需要而用。要深入研究人才培养总体架构、课程方案、特定课程的建设、教学的改革等多个方面的内容，分层、分类地建立相应的制度，全面提升专业建设的科研支撑水平。

第四，需要加强对学前教育专业建设本身的研究。要切实加强对学前教育专业建设问题的把握，尤其是要针对关键性问题，组织力量进行深入的研究。学前教育专业建设本身需要在找准问题、选对方法和精心实施的过程中，进行深入的研究，真正形成以研究为指导的专业建设范式。

（四）注重实践变革，培育时代新人

学前教育专业建设是探索、积累、坚守的过程，也是反思、变革和创新的过程。创新和变革是为了更好地积累和坚守。观念、培养目标、课程体系的变革，最终一定要落实到培养人的具体过程之中，转化为教学行为的变革，学习方式的变革以及学生素养和胜任力的改善。因此，实践的变革往往是综合的变革，能折射出观念、课程及队伍等多方面的状况。

实践的变革和创新应关注教与学的投入度。改革和创新最核心的是要调动人的积极性和主动性，无论是教师和学生都需要内在的动力，让他们积极主动地投入到教和学的过程之中，有教学和学习的热情，共同承担课程与教学变革的重任，共同参与提升质量的工程。对教师而言，改革和创新意味着他们对专业和人才培养的理解、对人才质量的理解、对优化教学过程的理解能反映在他们的行动之中，愿意为提升质量而不断努力，他们的探索和尝试能得到支持和鼓励，有良好的团队，能共同研究和反思，有不断完善的制度和环境支撑。对学生而言，意味着更能激发学生的热情，让学生对专业学习中遇到的现象和问题产生好奇并愿意去研究和探索，愿意在阅读和思考的基础上对教育实践中的很多现实问题提出

自己的答案，有不断学习的热情。

教育过程中的改革和创新意味着教学的方法、手段和形式不断更新和变化，更加接近有效的教学目标。教师乐于探索新的教学方法和措施，愿意尝试多样化的教学资源和手段，关注学生的学习效果，真正以学定教，并经常对教学过程进行反思和总结，以完善教学方法和举措。学生愿意反思自己的学习状况，看到自己的问题和不足，愿意尝试更加有效的、多样化的学习方式，愿意做学习的主人，做一个有责任感的学习者。

总之，指向质量的专业建设和改革是一个系统工程，涉及多方面的工作和众多的事项，需要用系统思维，加强顶层设计，注重观念落地，抓好每一个环节，积极稳步地推进。

我国学前教育本科专业若干质量标准的比较研究

郭良菁

随着全社会对本科教育和师范教育的重视度不断提升，近年来，与本科师范院校学前教育专业建设和人才培养有关的各种标准陆续出台，尽管不同的标准用途不一，有的属于人才培养课程标准，有的属于从业人员职业准入或职业素质标准，有的属于高校专业评估标准，但均与学前教育本科专业的条件建设或人才培养过程有密切关系。由于标准出自不同部门，出台时间、出台背景不一，有的标准专门针对学前教育专业，有的则将学前教育专业作为一部分，有的专门罗列期待的培养目标，有的则进一步涉及课程或“教师教育课程”，还有的给办学条件（包括师资配备和场地设施资源）及管理也设定了标准……而目前它们均在生效期内，对于高等学校学前教育本科专业而言，都要给予关注，且有必要对它们设定的标准加以细致的比照和分析，寻找共性与差异，以求整合地贯彻实施，同时回应不同部门的期待或要求。本研究便试图为南京师范大学学前教育专业的建设做这样的工作。

本研究将对以下标准加以比较：

1.《普通高等学校本科专业类教学质量国家标准》（2018 年 1 月，以下简称《国家标准》）——教育学大类中的学前教育专业的标准。

2.《普通高等学校师范类专业认证实施办法（暂行）》之《学前教育专业认证标准》（2017 年 10 月，以下简称《认证标准》）——学前教育专业的标准。

3.《幼儿园教师专业标准（试行）》（2012 年 2 月，以下简称《专业标准》）——幼儿园教师专业素养要求。

4.《中小学和幼儿园教师资格考试标准及大纲（试行）》（2011 年 11 月，以下简称《考试标准》）——幼儿园教师资格考试标准。

5.《教师教育课程标准（试行）》（2011 年 10 月，以下简称《课程标准》）——幼儿园职前教师教育课程目标与课程设置标准。

借比较而计划研究的问题如下：

1. 幼儿园教师（或初入职教师）职前培养设定的目标在以上不同的标准中是否一致？是否存在某些分歧？

2. 培养过程的载体——课程，在以上不同的标准中是否有一致的规定？有没有差异？

3. 在教师培养的基本办学条件上，以上的标准有哪些共同规定和差异？

4. 对于学前教育本科专业的建设而言，应如何把握众多的标准？

一、关于目标价值取向的共识与差异

以下对五大标准所罗列的幼儿园教师职前教育目标框架及具体目标加以梳理比较，表格中各标准按出台时间由近到远排列，以便检视是否随时间变化有新的目标期待（详见表 1）：

表 1　各标准中关于目标价值取向的共识与差异

目标大类 \ 标准	《国家标准》①	《认证标准》	《专业标准》	《考试标准》	《课程标准》②
	普通高等学校本科专业教学质量国家标准	师范类专业认证三级标准（“毕业要求”中的“一践行三学会”）	幼儿园教师专业标准	中小学和幼儿园教师资格考试标准及大纲	教师教育课程标准
一般素养	**思想道德** 良好道德品质，正确的世界观、人生观和价值观，爱国、守法、诚信、友善，热爱教育事业，关心爱护学生，具备良好的团队协作精神 **身心素质** 掌握人的心理活动和体育运动的一般知识与基本方法，养成健康的生活方式，达到《国家学生体质健康标准》的要求，具有良好的心理素质和积极的人生态度	**践行师德** 1. 师德规范 2. 教育情怀 3. 保教知识（通识性知识）	**专业理念与师德** 1.1　职业理解与认识 1.2　对幼儿的态度与行为 1.3　幼儿保育和教育的态度与行为 1.4　个人修养与行为	**职业道德与基本素养** 1. 具有先进的教育理念；良好的法律意识和职业道德；具有从事教师职业所必备的科学文化素养和阅读理解、语言表达、逻辑推理和信息处理等基本能力	**教育信念与责任** 1.1　具有正确的儿童观和相应的行为 1.2　具有正确的教师观和相应的行为 1.3　具有正确的教育观和相应的行为
专业素养	**专业素养** 教育学大类共同： 1. 教育科学及相关领域的基础知识、基本理论和基本技能 2. 教育研究的基本方法，有发现、分析和解决教育问题的能力，有批判性和创造性思维 3. 创新精神和创业实践能力 4. 信息素养，把现代信息技术应用于教育教学	**学会教学** 3. 保教知识（幼儿发展知识、幼儿保育和教育知识） 4. 保教能力（科学规划一日生活、科学创设环境、合理组织活动；具有观察幼儿、与幼儿谈话并能记录与分析的能力、幼儿园活动评价能力）	**专业知识** 2.1　幼儿发展知识 2.2　幼儿保育和教育知识 2.3　通识性知识 **专业能力** 3.1　环境的创设与利用 3.2　一日生活的组织与保育 3.3　游戏活动的支持与引导 3.4　教育活动的计划与实施	**教育知识与应用** 2. 掌握教育教学、学生指导（幼儿保育）和班级管理的基本原理和基本知识，并能正确解决教育教学中的实际问题	**教育知识与能力** 2.1　具有理解幼儿的知识和能力 2.2　具有教育幼儿的知识和能力 2.3　具有发展自我的知识和能力

① 教育部高等学校教学指导委员会．普通高等学校本科专业类教学质量国家标准：上册[M]．北京：高等教育出版社，2018:69－75．

② 教育部教师工作司．教师教育课程标准（试行）解读[M]．北京：北京师范大学出版社，2013:130－134．

续表

标准 / 目标大类	《国家标准》	《认证标准》	《专业标准》	《考试标准》	《课程标准》
	普通高等学校本科专业教学质量国家标准	师范类专业认证三级标准（“毕业要求”中的“一践行三学会”）	幼儿园教师专业标准	中小学和幼儿园教师资格考试标准及大纲	教师教育课程标准
专业素养	5. 熟悉我国各级各类教育政策和法规 6. 自主学习、终身学习和自我发展的意识与能力 7. <u>国际视野</u>，掌握一门外语，熟练使用外文资料，初步用外语交流	**学会育人** 5. 班级管理 6. 综合育人 **学会发展** 7. 自主学习 8. <u>国际视野</u> 9. 反思研究 10. 交流合作	3.5 激励与评价 3.6 沟通与合作 3.7 反思与发展	**保教知识与能力** 3. 具备学科教学能力，掌握拟任教学科或专业领域的基本知识，掌握教学设计、教学实施和教学评价的基本原理和方法，并能在教学实践中正确运用	
					<u>教育实践与体验</u> 3.1 具有观摩教育实践的经历与体验 3.2 具有参与教育实践的经历与体验 3.3 具有研究教育实践的经历与体验

由上面的比较可见，总的来说，各标准所构建的幼儿园初入职教师的素质结构比较一致，有利于专业建设时对各标准的期待加以整合。但新近出台的两个标准与几年前的相比，更加强调本科人才的“国际视野”，国家标准中不只是强调了对于知识的运用，还强调了“创新精神和创业实践能力”，如何将这些新的目标与幼儿园教师的通识素养和专业知识、能力培养目标联系起来，加以清晰化，需要在专业建设时加以研究。《课程标准》中的“教育实践与体验”目标，更像是过程性目标，只要求有相关的“经历与体验”，并未对这种经历与体验之后应该形成的“知识能力”结果进行规定，这是与其他标准不同的地方。

二、课程设置标准的异与同

由于《专业标准》和《考试标准》里未涉及专业建设的课程规定，因此，这里只比较其他三个标准的课程结构，同时也比较一下具体的课程门类或内容模块（详见表2）：

表2 各标准中对课程的规定

<table>
<tr><th colspan="2">《国家标准》</th><th colspan="2">《认证标准》</th><th colspan="2">《课程标准》
（6个必修“学习领域”）</th></tr>
<tr><td rowspan="3">理论课程</td><td>通识教育课程</td><td colspan="2">人文社会与科学素养课程学分占总学分比例≥10%</td><td colspan="2">/</td></tr>
<tr><td>专业基础课程</td><td colspan="2" rowspan="2">教师教育课程学分必修课≥44学分，总学分≥64学分；
支撑幼儿园各领域教育的相关课程学分占总学分比例≥20%（为培养师范生健康、语言、社会、科学、艺术5个领域教学能力所开设的课程）</td><td colspan="2" rowspan="2">最低必修学分44学分，总学分64学分
1. 儿童发展与学习
2. 幼儿教育基础
3. 幼儿活动与指导
4. 幼儿园与家庭、社会
5. 职业道德与专业发展</td></tr>
<tr><td>专业方向课程</td></tr>
<tr><td rowspan="5">实践课程（占比不低于总学分140～160学分的25%）</td><td>教育见习</td><td rowspan="5">教育实践时间≥18周</td><td>教育见习</td><td rowspan="5">6. 教育实践18周</td><td rowspan="2">教育见习</td></tr>
<tr><td>教育实训</td><td>/</td></tr>
<tr><td>教育实习</td><td>教育实习</td><td>教育实习</td></tr>
<tr><td>教育考察</td><td rowspan="2">教育研习</td><td rowspan="2">/</td></tr>
<tr><td>教育调查</td></tr>
<tr><td colspan="2">毕业论文</td><td colspan="2">/</td><td colspan="2">/</td></tr>
<tr><td colspan="6">补充说明：《国家标准》中规定1学分相当于16课时（每课时40～45分钟），而《认证标准》和《课程标准》中规定的是“1学分相当于学生在教师指导下进行课程学习18课时，并经考核合格”。</td></tr>
</table>

由于《认证标准》中基本上不对具体课程内容模块做详细规定，整个“课程”部分在论述课程的类别时以指向的目标为定语，呈现出了浓厚的目标导向，但也明确“课程设置应符合幼儿园教师专业标准、教师教育课程标准和专业教学相关标准，能够支撑毕业要求达成”，因此可视为与《课程标准》有一致规定。而《认证标准》特意将《课程标准》中隐含在“职业道德与专业发展”这一学习领域中的“师幼互动方法与实践”“语言技能”“音乐技能”“舞蹈技能”“美术技能”和“现代教育技术应用”这些内容模块，单独归纳成“技能训练课程”，并加以强调，要求养成师范生“‘三字一话’等从教基本功”，在这里又表现出与《课程标准》中幼儿园职前教师教育部分的某种不一致。

各标准对课程结构的规定及各部分课程的学分占比不尽相同：《国家标准》特别将“毕业论文”在课程结构中单独列出，而《认证标准》则将其纳入实践课程的“教育研习”中去，《课程标准》中则未提及。对于各部分课程的学分占比，《认证标准》比《国家标准》和《课程标准》规定都更细，特别对通识课程中的“人文社会与科学素养课程”和专业课程中的“支撑领域教育的课程”所占的学分比例加以规定，这种培养取向值得研究。由于《国家标准》中实践课程囊括了更广泛的活动，对学分占比要求也更高，背后的理念也值得研究。

如果按《国家标准》的总学分标准来计算，后两个标准中专业课程的 64 学分占总学分比例约为 40%～45%，如果将教育实践课程的 18 周大致折合成 20 个学分，占总学分比例约为 12%～14%，则通识课程占总学分比例约达 41%～48%，大约一半，可见本科教育中对于通识教育的重视。同样计算方法，“支撑领域教育的课程学分数”应该在 28～32 分，即占专业课总学分 64 分的 43%～50%左右，可见本科师范教育中对于领域教育能力培养的强调。但这样的课程结构是否对培养适应幼教改革的幼儿园教师有益，仍有待研究。

以下比较一下各部分课程的具体门类和内容模块（详见表 3、表 4）：

表 3　通识课程设置比较

《国家标准》	《认证标准》	《考试标准》（教师资格考试内容模块）		
思想政治理论课程	“课程与教学”下设三个监测指标，其中“人文社会与科学素养课程”指能够支撑师范生人文底蕴、社会关怀、科学精神等综合素养养成的通识教育类必修或选修课程	综合素质（笔试科目一）	文化素养	一定的文化常识
大学外语				中外科技发展史上的代表人物及其主要成就，常见的幼儿科普读物
计算机基础与应用				中外文学史上重要的作家作品，尤其是常见的儿童文学作品
大学体育			基本能力	阅读理解
文化素质教育课程				逻辑思维
创业基础课程				信息处理
就业创业指导课程				写作

表 4　专业课程比较(包括专业基础课与学前教育方向课程)

《国家标准》		《专业标准》	《课程标准》 (各“学习领域”中的“建议模块”)		《考试标准》 (教师资格考试内容模块)	
专业基础课	教育学原理	“课程与教学”下设三个监测指标的另外两个:“教师教育课程”是指《教师教育课程标准(试行)》规定的培养幼儿园教师须开设的教育类课程;“支撑幼儿园各领域教育的相关课程”指为培养师范生健康、语言、社会、科学、艺术 5 个领域教学能力所开设的课程。(摘自第一级认证标准)				
	教育研究方法		5. 职业道德与专业发展	教育研究方法		
	中国教育史		2. 幼儿教育基础	教育发展史略		
	外国教育史					
	课程与教学论			课程与教学理论		
	普通心理学					
	教育心理学					
	发展心理学		1. 儿童发展与学习	儿童发展		
	现代教育技术		5. 职业道德与专业发展	现代教育技术应用		
	特殊教育概论		1. 儿童发展与学习	特殊儿童发展与学习		
			2. 幼儿教育基础	教育哲学		
专业方向课	学前教育学			学前教育原理	保教知识与能力(笔试科目二)	(二)学前教育原理
	学前儿童发展科学		1. 儿童发展与学习	幼儿认知与学习		(一)学前儿童发展
	学前特殊儿童教育					
	学前教育研究方法					
	学前儿童保育学					(三)生活指导
	幼儿园课程					
				教育活动的设计与实施		(七)教育活动的组织与实施
				幼儿游戏与指导		(五)游戏活动的指导

续表

《国家标准》		《专业标准》	《课程标准》 （各“学习领域”中的“建议模块”）		《考试标准》 （教师资格考试内容模块）		
专业方向课			3. 幼儿活动与指导	幼儿园教育环境创设		（六）环境创设	
	学前儿童语言教育			幼儿语言教育与活动指导			
	学前儿童健康教育			幼儿健康教育与活动指导			
	学前儿童艺术教育			幼儿艺术教育与活动指导			
	中国学前教育史						
	外国学前教育史						
				幼儿社会教育与活动指导			
				幼儿科学教育与活动指导			
				0～3 岁婴儿的保育与教育		（八）教育评价	
				幼儿园教育评价			
				教育诊断与幼儿心理健康指导			
			4. 幼儿园与家庭、社会	幼儿园组织与管理			
				幼儿园班级管理			
				家庭与社区教育			
				教育资源的开发与利用			
				幼儿教育政策法规	综合素质（笔试科目一）	职业理念	教育观
				教师职业道德			儿童观
				教师专业发展			教师观

续表

《国家标准》		《专业标准》	《课程标准》（各“学习领域”中的“建议模块”）		《考试标准》(教师资格考试内容模块)		
						教育法律法规	有关教育的法律法规
							教师的权利和义务
							幼儿保护
						教师职业道德规范	教师职业道德
							教师职业行为
				师幼互动方法与实践	面试(考试科目三)	技能技巧(面试内容第七项,占20%分数)	熟悉一些幼儿喜欢的游戏和故事
				教师语言技能			
				音乐技能			一定的弹、唱、画、跳、手工制作等幼儿教育所必需的基本技能
				舞蹈技能			
				美术技能			

需要说明的是，《考试标准》是针对初入职教师所知所能内容的门槛性标准，不只针对本科毕业学生，因此内容少是自然的，这里将它一起加以比较，主要试图明确关于课程内容的最低标准限定。

在几个标准中，《课程标准》最符合幼教改革对师资专业素质结构的需求，与《幼儿园教育指导纲要（试行）》中教师对新工作角色的期待更吻合。相较而言，《国家标准》和《认证标准》更加突出幼儿园教师“各科教学”或“领域教学”的角色，与中小学教师的主要角色更接近，特别是《国家标准》在方向课程中甚至忽略了对于幼儿阶段非常重要的“社会教育”和“科学教育”，更不必提期望教师担负理解与指导幼儿游戏及与家庭、社区合作的职责，而对于研究方法和教育史，却规定了多门重复的课程。而《认证标准》更是将中小学教师的“三笔字”要求列进了幼儿园教师的教师技能课程中。以上这些问题亟待纠正。

不同标准对专业课程的结构框架划分也各不相同，这是否能给各学前教育专业的课程设置提供良好的参照系，值得思考。

三、办学条件标准的一致与差异

在五个标准中，只有两个标准对学前教育本科专业的办学条件做了明确规定，以下分别对师资队伍状况和教学条件的标准加以比较（详见表 5、表 6）：

表 5　师资数量与结构对比

《国家标准》	《认证标准》
专任教师不少于 6 人	专任教师占本专业教师比例≥60%
生师比不高于 18∶1	生师比≤18∶1
一般应有博士学位	具有硕博士学位教师占专任教师比例≥60%
高级职称教师比例不低于总数的 30%	具有高级职称教师占专任教师比例≥学校平均水平
30～55 岁的专任教师不低于总数的 2/3	
一定数量来自基础教育学校或其他类型教育机构的兼职教师	幼儿园兼职教师占教师教育课程教师比例≥20%
	承担专业课程的教师至少有 1 年幼儿园保教工作经历
重点院校可略高于以上标准	

表6　教学条件

	《国家标准》	《认证标准》
教学设施	生均教学行政用房面积一般不小于14平方米；生均教学科研仪器设备值不少于5 000元。	保育实践、实验教学、教学技能训练、艺术技能训练（舞蹈、美术、钢琴等）等教学设施。
图书信息资源	生均图书不少于100册；生均年进图书量不少于4册；纸质和电子图书，电子资源数据库及检索工具；必要的教材和教学参考资料，建设课程网站，提供网络教学资源。	生均教育类纸质图书≥30册，每6个实习生配备教师教学参考书≥1套。
实践教学设施	建设专业实验室、实训中心；建设教学见习、实习基地，建设校外实践教育基地、创业示范基地、科技创业实习基地。	实习生数与教育实践基地数比例≤20∶1，其中示范性教育实践基地不少于1/3。
教学经费	正常教学运行经费不低于学费收入的25%；生均年教学日常运行支出不少于1 200元，并随着教育事业经费的增长而稳步增长。	教学日常运行支出占生均拨款总额与学费收入之和的比例≥13%；生均教学日常运行支出≥学校平均水平，生均教育实践经费≥学校平均水平。

《普通高等学校基本办学条件指标（试行）》中“基本”的指标还有：百名学生配教学用计算机台数、百名学生配多媒体教室和语音实验室座位数、新增教学科研仪器设备所占比例（可共享，不是针对专业来设定的）。

尽管两个标准涵盖的“办学条件”内容相似，但标准有相当大的差异，《国家标准》是针对教育学大类专业设定的办学条件，当然也包括学前教育专业，而《认证标准》中对于办学条件的规定，涉及学前教育专业认证，更加有针对性。

因各标准制订的依据未知，是否有实证研究表明某种标准与人才培养质量的差异有关，尚需进一步核实。但这种差异确易给专业建设带来相当大的困惑。特别是“≥学校平均水平”及“有”这种简单化的标准设定方式，使不确定性增大，似乎为了有意显示重视师范教育。但条件标准最合理的是“够用”、够支撑教育教学，标准的设定应进行合理核算以确定相对稳定的范围，对教学设施的人均使用面积、内部设备的标准也应在研究的基础上做必要的设定。各标准对于“必要条件”的设定仍显笼统，不利于规范办学条件的配齐。

四、标准比较研究对于学前教育专业建设的意义

为学前教育专业设立标准，显然有积极意义，能够促使高等学校和学前教育专业重新全方位检视人才培养过程和专业建设的多个方面，更认真地对待未来幼教人才的培养质量，配备适当的设施、学习材料和师资条件，而不是盲目迎合就业市场大量招生，轻视培养质量。

但依标准评估可能也有两面性：一方面，如果专业仅仅为了比照各条标准，以“达标”为目的，有可能零散地对待这些标准，一一对应地“服务”标准来办学，反而失去了“学生为本”的精神。特别是课程设置，如何根据目标建构一个有主线的、适应差异化发展需求的课程结构，遵循教师儿童认知和核心能力形成的规律来提供专业学习的经验及反思调整机会，而不是课程拼盘，多而杂，值得每个学前教育专业的教师团队一起研究和协调，这才是专业建设中最重要的事。专业应该研究各标准中蕴含的教师专业发展理念，把握各模块课程之间的联系，特别是实践类课程的宗旨，思考为师范生提供怎样的四年学习经验，能帮助他们成为一个有实践反思能力、体验到职业意义和内在成就感的幼儿教育者。

另一方面，这些标准是由不同的主体单位制订的，制订主体在下发标准时，应更详尽地阐明标准制订过程及其依据的研究或实践背景，对标准中的关键概念应做更详尽的界定，帮助专业更好地理解这些标准与人才培养质量的相关程度、重要性，更清晰地把握条件标准与课程标准、目标标准之间的具体关联。只有这样，才能避免师范类专业满足于简单化地一一对应地去达标。

构建促进学前本科人才成长的生态系统

王玲艳

2010 年 11 月，《国务院关于当前发展学前教育的若干意见》出台，其中指出：要以多种途径加强幼儿教师队伍建设，完善学前教育师资培养培训体系。这促使我国高师学前教育加快改进原有人才培养模式中的滞后环节。尤里·布朗芬布伦纳的“人类发展生态学理论”中提出：个体的生长与多个系统密切相关，多个系统之间需要为个体的成长提供良好的支持，才能获得发展的最大化的成果。有关幼儿教育者的能力对儿童教育成果影响的研究表明，训练有素的教育者与儿童的积极发展之间存在着紧密联系。另外，当前全社会对幼儿教师应该了解什么和能够做什么的认识也在一定程度上发生了变化。新时代对优秀幼儿教师的培养提出的挑战，需要高质量的专业发展来支持。如何应对这些挑战，仅仅局限于学前专业本身内部的小修小补可能收效甚微。结合时代和环境的变化以及人才培养要求的变化，我们需要从系统的角度对本科人才培养的各个要素及其之间的相互作用进行调整和重新定位。

一、教育生态和教育生态系统

克雷明在 1977 年提出了“教育生态学”一词，他将教育生态学视为一种方法，教育生态学的方法是“把各种教育机构和结构置于彼此联系，以及维持它们并受它们影响的更广泛的社会之间的联系中加以审视”。教育是一个有机的、复杂的、统一的系统，其中教育生态系统的所有因素都是有机联系的，这种联系会表现出一致性和矛盾性，动态平衡和不平衡[①]。教育生态系统是指在一定的时空范围内通过物质、信息流通和能力交换，由教育、其他自然生态系统和社会生态系统所组成的教育生态单元，主要探讨教育过程中的各种因素及其关系，认识在自然和社会系统下的教育的各种要素、结构和功能，以全面、系统和自然的方式促进教育的持续与和谐发展。根据生态系统的内涵，生态系统的范围可大可小，其核心是要满足一些要素构成。构成生态系统的要素包括自然环境、生物（机体）和相互作用。

大学可被视为一个生态系统：在这个生态系统中，有三个基本的主体，教育者、受教育者和社会，其中人是中心要素；这个系统的本质体现为两种关系，即人与人、人与社会的关系；包含三种环境，即社会的教育环境、学校的教育环境和家庭的教育环境；包括四种因素，即心理因素、环境因素、政治因素和经济因素；包括五种需求，即生理需求、心理需求、审美需求、人才成长需求和创新需求。在这个生态系统中，教育者施教于受教育者（事实上就是在学校系统内部进行了物质和能量信息的交换）或者通过社会实践（即系统之间的物质和能量信息的交换）来协调系统内要素的平衡发展，维持系统的稳定性，从而促进高等教育体系的可持续发展。生态系统的基本使命是让受教者追求先进的知识，进行深度学习，获得专业技能，寻找各种问题的解决方案，并探索、调查和发现新的事物。从生态学的角度来看，高等教育作为生态系统的一个最基本的特征是其整体的相关性，这体现在教育生态系统与社会系统以及教育生态系统内部各要素之间的整体联系[②]；另一个最基本的特征是动态平衡，即教育与社会环境之间的平衡，通过互动形成和谐共生的关系，并促进教育本身内部结构的发展趋于和谐和平衡。借鉴生态学的理论和概念，高等教育及其环境被视为是生态系统。这个系统通过生态的多样性来实现和谐，和谐与多样不是对立的力量，而是可以共存和

---

① QUAN S J, WANG Y L. Study on the structure and characteristics of higher education ecosystem in Hong Kong[J]. Journal of higher education management, 2017(11): 117 - 124.

② XU T, YAN L. Research on ecosystem model and elements of innovation and entrepreneurship education in international higher education: a case study of MIT[J]. Journal of distance education, 2017(4): 15 - 29.

互动，通过多样性达到和谐的状态。

二、高校学前教育专业生态系统建构的主要原则

对生态系统的理论进行深入分析后会发现，生态系统理论中会出现一些对抗的概念，如合作与竞争、生存与毁灭、和谐与对立等等，这难免使得一些人对用生态的理论和视角看待高等教育专业的发展存在一定的顾虑和担忧。然而，从发展的角度来看，在某些条件下或在某些原则的指导下，这些对抗不是必然存在的，有利条件的创造对人们所期望结果的出现会产生重要作用。理想中的高等教育是保持教育系统内外部环境之间的自然平衡。建构和完善高等教育生态系统不仅仅是一种新的教育理念，也是现代高等教育所秉承的一种自然、和谐、开放和创新的发展模式。它高度重视和突出整体功能，注重联系，培养生态人，把教育活动视为一个有机的动态整体，把凝聚力和融合精神集中在各个有机因素和环节之中，最终形成统一的教育生态整体。为了遵循生态发展的道路，高等教育应遵循基本的自然原则和道德规范。学前本科人才成长的生态系统的建设就要以最广大学生的福祉为中心，坚持生态惠生、生态利生、生态为生，重点解决学生发展中面临的突出问题，不断满足学生发展的需求。为此高校学前教育专业生态系统的建构应遵循以下主要原则：

（一）生态过程原则

生态过程原则强调的是强制性或有序规则，因为大学是一个文化生态系统，必须特别尊重基本的生态过程。从管理的角度来讲，保持系统的完整性，等级、目的和与环境的适应性，协调各种生态系统，构建健康的生态系统，提高办学效率是当务之急。学前本科人才的培养取决于国家和政府对本科人才成长的战略选择，是否认为幼儿园教师应具备本科的学历，直接影响到国家对高等学校学前本科专业的投入以及投入的多少和投入的稳定性等行为。此外，学前本科专业在不断变化的环境中能否表现出适应性的行为，包括能否调整、完善专业发展的理念、目标和具体的措施，不断适应环境，从而立足于环境，这些都是生态过程原则的重要体现。

（二）生态链原则

在生态系统中，生物集体之间形成的是一个复杂的网状结构而不是简单的线性形式。与大自然的食物链不同，教育生态链不仅是一种能量的传递和接收的关系，而是根据年龄阶段和教育的特点而采用的一种复杂的，水平、垂直和交叉等混合的形式。由于内容和关系的复杂性，难以进行定性描述，因此，对这种关系较少进行讨论。将生态链作为一个灰色系统，通过现代科学技术手段，进行定性、定量描述和动态的探索，是未来高校生态系统建设发展的新思路。

（三）目的性原则

目的性原则对于系统而言是非常重要的，并且目的性通常是通过反馈、自组织和自我调节的过程来实现的。在高等教育生态系统的建设中要秉承着创新、协调、开放和共享的发展理念，确定培养全面、可持续发展的人的目标，提升整个高等教育生态系统的运作效率。系统在自组织和自我调节方面做得越好，从反馈中发现的差异越准确，就能越完美地满足系统的要求。目的性原则旨在确定学前本科专业生态系统建设的目标总和，影响着生态系统的发展趋向和制度路径安排。

原则蕴含着理念追求与价值倾向，原则实际上是一个渗透了生态价值理念的多元互补的体系，原则也统摄着生态系统规范建设的内容，是价值理念与建设内容衔接的重要环节。这些主要原则之间相互交叉、相互渗透、相互补充和相互支撑，共同构成完整的生态系统的基本原则体系，为实践的有效实施提供依据。

三、高校学前教育专业本科人才生态系统建构的经验

教育是一项复杂的系统工程，需要在系统理论的指导下，根据学生的实际情况，根据学生自然的本能和成长的模式进行精心的设计与管理。这样才能做到统筹兼顾，整体施策，多措并举，全方位、全过程地开展学前本科人才生态系统的建构工作。南京师范大学学前教育专业解放教育思想，狠抓教学改革研究，以师范生专业能力和教师职业素养双向强化为原则，启动新一轮教师教育改革，进一步彰显师范专业特色，采取了一系列有效的、紧跟时代的措施：高举“学生中

心”旗帜，开展本科教育思想大讨论，形成了“以本为本”的浓厚氛围；出台“一流本科教育建设”方案，确立近期与长远目标，实施理想信念教育、人才培养模式优化、一流专业建设、优质课程建设、教书育人能力提升、学风与学习质量提升、创新创业能力培养、协同合作育人“八大工程”。南京师范大学学前教育专业努力构建一流的育人体系、机制与保障措施，主要发力点涉及以下三个方面：

（一）结合国内外学前教育发展生态，确定学前本科人才培养的目标

凡益之道，与时偕行。当前国际和国内环境的变化，对学前教育本科人才的培养提出了巨大的挑战，而成功应对这些挑战是专业发展的必然走向。越来越多的研究表明，教师的教育背景和职前准备的质量与幼儿的学习效果直接相关。过去很长一段时间内，教师教育积累了很多有关专业的知识③，然而，培养具有一定宽度和深度的学前本科人才，需要将通识教育纳入培养体系之中，并让其在体系中占有重要比例，让被培养者从容应对每个儿童成长的复杂的生态环境。因此，教育应培养学生从多元文化和全球化的视角来获得与艺术、历史、文学、数学、哲学、科学和社会研究有关的知识④。

综合分析当前国内外对幼儿教师人才培养的特征定位后发现，这些要求中既包含了一般的、基础素养类的要求，即从事与儿童相关的职业所具备的一般素养和特征，同时也包含了本科人才培养定位中的以幼儿园教师为主的培养目标在幼儿教师方面的特殊要求。南师大学前教育专业旨在培养“尚师德、厚基础、强能力、重融合、善反思”的研究型幼儿园教师，这五个方面融会贯通了国际上所提出的专业品性⑤（professional dispositions⑥）、专业知识和专业技能。从事与儿童

---

③ GARDNER H, SHULMAN L S. The professions in America today: crucial but fragile [J]. Daedalus, 2005, 134(3): 13 - 18.

④ National Council for Accreditation of Teacher Education. Professional standards for the accreditation of teacher preparation institutions[EB/OL]. [2020 - 04 - 08]. http://www.ncate.org/accreditation/caep - accreditation/caep - accreditation - resources.

⑤ 张建桥. 美国教师教育之“品性”标准探微[J]. 比较教育研究,2011(2): 36 - 39.

⑥ 2010 NAEYC standards for initial & advanced early childhood professional preparation programs[EB/OL]. [2020 - 04 - 08]. https://www.naeyc.org/sites/default/files/globally-shared/downloads/PDFs/accreditation/higher-ed/naeyc-higher-ed-accreditation-standards.pdf.

相关的事业要具备许多特质：对幼儿要有热情，保持强烈的动力和激情；要有坚持性、奉献精神，始终愿意为孩子提供更好的东西；要有冒险精神，敢于突破常规；要有耐心，尤其是幼儿园教师每天要应对很多事情，所以耐心是必须的；要有灵活性，作为老师能应对变化的情境和一些意想不到的事件；能尊重儿童，体现在思想上、言语上和行为上；要有创造力，创造力作为高效教师的重要标志是必不可少的；要具备专业信仰，知道自己的角色代表什么；自己要热爱学习并激发幼儿的学习兴趣；要有幽默感，能让学习变成有意思的事；要精力充沛，因为孩子们更喜欢体能充沛的和游戏能力强的老师⑦。

（二）校系合作建构教师提升的生态环境

教师是教育生态链的重要环节。学前专业人才培养创新生态体系的建立需要高校勇于挑战，展示创新精神，愿意重新调整教学的目标、内容和方法等，愿意进行新尝试，发展新的教学体系，在这个过程中招募志同道合、对目标有着一致理解的教师和员工。教师素质的整体水平对教育生态环境的发展和创新人才的培养都有着重要影响。对教师自身而言，在生态环境中不断地进行自我提升和自我完善是必要的。教育生态环境就是要为教师和学生提供源源不断进步的动力和支持。另外，要切实调整和落实对教师的评价体系和机制。在以教学成果和学术成果的质量为评价标准的同时，要拓宽评价的维度，将教学、科研和社会服务三方面的业绩作为评价指标，引导教师做力所能及、有潜力的事业和活动。鼓励教师用科学和服务反哺教学，根据专业实际发展的需要，调整教学的重点、难点以及教学方法，使学生们所学的知识能学以致用，培养学生发现问题、分析问题和解决问题的能力。

（三）为学生发展提供更加宽松和自主的生态空间和可能

大学不仅应传授知识和尊重现有知识，还要鼓励研究、探索、实践、质疑、批判、争论甚至是否定。没有研究和探索，没有表达和辩论，没有质疑和沉思就不会有真正的大学精神。高校应建构一个开放的平台，为学生提供一个充满生态

---

⑦ BROWNELL M T, YEAGER E, RENNELLS M S, et al. Teachers working together: what teacher educators and researchers should know[J]. Teacher education and special education, 1997, 20(4): 340-359.

氛围的舞台。学前教育专业创新了教学体系，变教材为学材，翻转课堂，充分相信学生的自主学习能力，充分将老师的教学与科研相结合，形成师生研究共同体，共同进步，共同产出良好的教学生态。高校应主张让学生在集体教学、小组教学和个别指导相结合的课堂氛围下，采用启疑式、探究式的教学，让学生在问题情境中发现，在活动体验中顿悟。课堂讨论，课下互动交流的方式应被多数课程所接受和应用，课堂时间有效利用，课下时间无限延伸。学校应将培养学生的创新能力作为专业生态建设的重中之重。改革教学系统、课程设置，加强理论学习和实践课堂的紧密配合。高校还应为每位学生配备导师，让学生尽可能多地接受老师的帮助和直接指导，鼓励学生参加各种科学研究活动，有效地提高学生的实践和创新能力。总之，教师是学生学习的促进者，学生是主动自由的学习者，教师少教，学生多学，激发学生的学习兴趣，就会常常有新思想、新方法涌现出来。高校要将学生的体验、收获和发展作为可持续发展的驱动力，将学术研究作为核心价值的创造活动，为学生和教师共同发展提供支持。

对学前本科人才成长的生态系统的研究要关注教育的全过程，关注所有要素及其相互关系。当下，学前本科人才培养过程中的“学生中心、产出导向、持续改进”理念已渗透进本科培养方案的制定、实施和修订的过程。建构良好的教育生态系统和开放的创新平台，营造教师自我完善，学生自由成长，专业自主发展的生态环境是培养更多高质量创新人才的有效途径。

四、高校学前教育专业本科人才生态系统建构的启示

（一）核心要素与主体就一些主要方面达成共识

生态系统中每个利益主体参与的动机是不一样的。因此，就一些关键问题达成一致是获得共赢和合作的重要前提。重要的共识包括：共享专业价值观，包括对多元化和包容性的承诺；尊重家庭、社区和文化背景；尊重证据，将证据作为专业决策的指南；遵从儿童发展和学习原则的指导；将更广泛的幼儿的年龄范围和环境纳入幼儿期的专业准备中。学前本科专业的健康发展，需要专业不断与政府、大学、家庭和机构等多个主体就关键问题不断进行沟通和交流。

（二）政府政策和多样学前本科人才成长的生态环境

理论上来讲，大学还有能力（通过课程体系的调整等）和知识对社会的需求作出快速反应。现实中，高等学校的学前教育专业受到来自中央和地方的法规、政策以及社会期望的影响，现在表现出越来越趋同的趋势，导致了专业在内部多样性上的减少，而外部多样性上的增加。内部多样性是指某个机构内部的差异，例如，学生类型、学习计划、教学方法、研究方法的多样性。大学外部生态的多样性主要是指机构之间的差异或者是机构的不同类型。正如伯恩鲍姆所指出的那样，大多数内部多样性是由外部环境因素所引起的。然而随着机构内部多元化程度的提高，机构内外环境可能趋于相似⑧。诚然，专业的发展需要交流、互通和借鉴，但是也需要保持自身的特色和发展道路。决策者需要较好地考虑更加协调和更加互补的专业发展路径。生态的理论中强调，组织与机构之间的“互助”在确保专业生存和发展方面比相互“斗争”的组织运行机制更为成功⑨。因此高等教育政策的制定者应该充分考虑到相关政策对高等教育机构多样性的影响，以使得机构能应对复杂环境因素的挑战。

（三）大学担任有效生态系统运作的发起者和组织者

有效的生态系统需要高度的互动。互动涉及各种组织和机构、人员和过程，其目的是建立互惠互利而能自我维持的组织。从教育及其生态发展的角度来讲，将传统的“封闭”模式转变为“开放”模式，与公众和社会结合来共享资源，是建立生态教育环境的有效途径⑩。大学是生态系统中的一个理想的起点，它有助于召集各方力量。大学应该努力把各方利益相关者，即政府部门、各类型的就业单位、创业组织等整合起来⑪。大学的所有工作都应该根据生态发展的原则和理

---

⑧ BIRNBAUM R, EDELSON P J. How colleges work: the cybernetics of academic organization and leadership[J]. Journal of continuing higher education, 1989, 37(3): 27 - 29.

⑨ PATTERSON G. Harmony through diversity: exploring an ecosystem paradigm for higher education [J]. Journal of higher education policy & management, 2004, 26(1): 59 - 74.

⑩ WANG Ziye, ZHANG Qingying. Higher-education ecosystem construction and innovative talents cultivating[J]. Open journal of social sciences, 2019(7): 146 - 153.

⑪ WADEE A A, PADAYACHEE A. Higher education: catalysts for the development of an entrepreneurial ecosystem, or ... are we the weakest link?[J]. Science, technology & society: 2017 (22): 284 - 309.

念进行。理想的大学应该在教学与研究、通识教育和专业教育、自然科学和人文社会科学、校内和校外、国内和国际几方面之间保持平衡来实现专业的可持续健康发展，应该以负责任的态度和镇定的行动，成为本科人才生态系统建设的重要参与者、贡献者和引领者。

此外，注重生态还需强调的是要注重专业自身发展的历史、传统和文化，了解我国当下的、时代的、实地情境下的发展特点。不能简单地套用国外的经验，要在历史基础上进行创新和发展。

总之，从生态的角度可以推动教育在理论和实践上的改革与创新，教师培养的过程中贯彻和体验生态学的视角、策略，那么准教师在今后的工作中则更有可能会亲自实践和尝试生态学的理念，将生态学的思想贯穿到自己的教育教学实践中去，形成更好的循环。

立足教育现场　关注学前儿童

——研究型幼儿园教师专业成长之关键

顾荣芳　万　丹

我国学者曾指出，中国的基础教育改革贯穿着这样一个清晰的逻辑：教育改革的核心环节是课程改革，课程改革的核心环节是课堂教学，课堂教学的核心环节是教师的专业发展①。无独有偶，国外学者也提出“没有教师的发展就没有课程的发展”②。由此，提升教师的专业发展水平是课程改革、教育改革的核心之举和必经之路。21 世纪以来，教师专业发展一直是国际教师教育研究的重要主题③，并呈现出稳健型趋势④。然而，有关教师专业发展问题虽然在学术圈内探讨得轰轰烈烈，但在实践场域却显得比较茫然——究竟什么是“幼儿园教师专业发展”？十年前有教师表示“说不清楚”⑤，至今仍有教师疑惑不浅。传播学中

---

① 钟启泉．“有效教学”研究的价值[J]．教育研究，2007(6)：31－35.

② STENHOUSE L. An introduction to curriculum research and development [M]. London: Heinemann Education Books Ltd., 1975: 142.

③ 李云星，李一杉，穆树航．国际教师教育研究的分布特征、研究前沿与知识基础——基于 2000—2015 年 SSCI 教师教育专业期刊的文献计量分析[J]．教师教育研究，2016(5)：115－127.

④ 殷玉新，马洁．国外教师专业发展研究的新进展[J]．全球教育展望，2016(11)：84－98.

⑤ 顾荣芳．论幼儿园教师专业成长的本质[J]．幼儿教育，2005(3)：16－17.

“沉默的螺旋”理论[⑥]也许可以解释这种现象，即在教育相关者中，一线教师往往是“沉默的大多数”，教育行政工作者和教育理论研究者则是主要舆论人，而舆论导向主要取决于“积极主动传播意见”的舆论人的影响力的大小[⑦⑧]，在教育研究领域主要表现为教育理论研究者的强势话语权。一方面，学者和专家奋力强调教师专业发展的极端重要性，热衷于从理论高地向一线阵地“开药方”；另一方面，教育现场自有其实践逻辑，对于“空头理论”，一线教师常常难以真正认同和内化，从而直接造成教师专业发展在学术圈内火热，在实践场域遇冷的对垒格局。为了让教师专业发展在实践场域焕发真正的生命活力，急需为一线教师探寻易于理解把握、真心被其认可接受、操作性强的路径。唯有如此才能打破“沉默的螺旋”，让教师专业发展的议题真正在实践中落地开花。笔者认为幼儿园教师的专业成长意味着幼儿园教师是研究者[⑨]，进而认为从成为研究型教师的视角看待教师的专业发展对于一线教师来说是较适宜可行的提法，是更为贴合局内人看待自身专业发展的视角，接下来笔者将对这一观点进行具体阐述。

一、成为研究型教师是幼儿园教师专业成长的指向

（一）研究型教师的提出背景和具体内涵

研究型教师的提出背景有以下三点：首先，传统的班级授课制和赫尔巴特对教学过程的机械划分使得教师成为执行一定操作系统的教书匠，即教师在教学过程中唯一需要、唯一能够做的只是按照既定的程序、把既定的内容原原本本地教给学生[⑩]；其次，在教育改革发展过程中，教育教学实践中不断涌现出新事物、

⑥ “沉默的螺旋”理论最早由德国女传播学家伊丽莎白·诺埃勒-诺依曼提出，其主要观点是，个人意见的表明是一个社会心理过程，意见的表明和“沉默”的扩散是一个螺旋式的社会传播过程，也即一方的“沉默”造成另一方意见的增势，使“优势”意见显得更加强大，这种强大反过来又迫使更多的持不同意见者转向“沉默”。如此循环，便形成了一个“一方越来越大声疾呼，而另一方越来越沉默下去的螺旋式过程”。

⑦ 邵培仁．传播学：修订版[M]．北京：高等教育出版社，2007：355．

⑧ 张隆栋．大众传播学总论[M]．北京：中国人民大学出版社，1993：194．

⑨ 同⑤：16－17．

⑩ 陆有铨．时代呼唤研究型教师[J]．杭州师范学院学报（社会科学版），2002(1)：98－104．

新现象，许多新问题、新矛盾急需广大教育工作者去研究、去解答⑪；再次，信息时代不同于农业时代、工业时代，教育教学规律也在与时俱进、不断完善，等待着广大教育工作者去探索、去发现。显然，传统教师教育培养出的教书匠，这种“承担技术人员的角色”⑫ 无法满足教育改革和时代变迁的新需要。

缘此种种，英国课程学家斯滕豪斯在20世纪70年代率先提出“教师成为研究者”的理念，在其看来，“教育科学的理想是，每一个课堂是实验室，每一名教师都是科学研究的成员”。有学者认为，研究型教师是指在具有多元知识结构和娴熟教学技能的基础上，还具有一定的科研意识和科研能力，乐于在教育实践中不断地探索教育规律和教育方法，并能自觉运用先进的教育思想和方法指导实践，提升教学效果，提升自己的专业化水平的教师⑬。此与笔者所提基本一致，即幼儿园教师只有具备研究的意识、研究的激情、研究的精神和研究的习惯才是真正意义上的研究型教师⑭。总之，研究型教师是对教师工作保持研究取向态度的教师。这意味着教师的学习表现为一种研究性学习，是通过经验观察的手段和批判性反思来检验和扩展个人的知识和理解的，强调利用个人经验和感受作为学习的经验性材料的学习过程⑮。笔者认为，在幼儿园教师进行研究的过程中，反思是起点，求证是本质，钻研是关键。值得注意的是，一线教师的研究不同于专家、学者的研究，其以重视实践为基本特征，是在具体的实践活动中加强研究意识，养成研究习惯的过程。此外，一线教师的研究可着重教育研究，即以教育理论为依据，用教育科学方法对教育领域的实践和理论进行有意识的探索。

（二）成为研究型教师是幼儿园教师专业成长的必然途径

有学者曾明确指出，教师要实现专业化，除掌握必要的学科内容和教学技能

---

⑪ 张传燧．教师的类型及其素质培养探析[J]．高等师范教育研究，2000，12(6)：58－63.

⑫ 刘复兴．我国教师教育的转型与政策导向[J]．高等师范教育研究，2002，14(4)：19－26.

⑬ 蒋芸，边玉芳．试论研究型教师的特征及其培养模式[J]．辽宁教育研究，2004(8)：60－62.

⑭ 同⑤：16－17.

⑮ JOUNI VÄLIJÄRVI．芬兰研究型教师教育述评[J]．陆璟，编译．上海教育科研，2009(1)：21－25.

之外，还必须拥有一种“扩展性的专业特性”[16]，即教师要通过系统的自我研究、研究别的教师、课堂研究检验有关理论，实现专业成长。笔者认为，幼儿园教师的专业成长过程其实也就是幼儿园教师研究水平从低级到高级逐渐提升的过程，在这个过程中教师的研究品质不断进阶，即成为研究型教师是促进幼儿园教师专业成长的必然途径，是幼儿园教师专业成长目标与路径的统一。也就是说，成为研究型教师既是幼儿园教师专业成长的最终目标，也是幼儿园教师专业成长的具体路径。

苏霍姆林斯基曾说，“如果你想让教师的劳动能够给教师带来一些乐趣，使天天上课不至于变成一种单调乏味的义务。你就应当引导每一位教师走上从事研究这条幸福的道路上来”[17]。近年来，我国幼儿园教师的地位虽有所提升，但相当多的人，包括部分幼儿园教师自身仍对幼儿园教师的专业性表示质疑，甚而常常发生职业认同危机。有学者曾指出，幼儿园教师的专业性就是源自如何对待儿童及其发展规律与特点的职业意识和实践行为[18]。学前教育作为人生的起始与开端，需要极审慎的立场和最长远的眼光，如何保证学前教育的科学和适宜，如何确定教学过程的最优与合理，幼儿园教师如何才能无愧于“专业人员”的称号，笔者认为一线教师勤于反思、反复求证、踏实钻研才是正解。譬如当下出现争议的问题——幼儿园需要选择自助餐吗？答案的依据是什么？幼儿足球课程适宜吗？答案的依据又是什么？从理论上说，教育教学的复杂性，使得教师研究成为可能，也让教育研究成为必要。面对日益复杂的教育教学难题，幼儿园教师必须具备基本的教育研究能力才能为自己的教育决断和教育过程的合理化找到依据。幼儿园教师只有成为研究者，才能摆脱“孩子王”的角色设定，才能真正提升其职业品味，才能体会到其专业内蕴的尊严与价值，最终成为全面推动教育改革的中坚力量。

二、立足教育现场是研究型教师专业成长的起点

现象学先驱胡塞尔“回到实事本身”的呼吁构成了现象学研究的基本立场。

---

⑯ 施良方，崔允漷．教学理论：课堂教学的原理、策略与研究[M]．上海：华东师范大学出版社，1999：376.

⑰ 苏霍姆林斯基．给教师的建议[M]．杜殿坤，编译．北京：教育科学出版社，1984：494.

⑱ 丁海东．幼儿园教师职业的专业性及其发生根基[J]．学前教育研究，2015(11)：21－27.

他强调哲学研究不应该从理论到理论或从对理论的批判入手，而应以描述、分析现象为起点[19]。其“回到实事本身”的现象学思维开启了教育学“回归教育本身”的哲学先见，即教育学需要直面教育本身、关注教育实践。叶澜曾称教育“可能是人世间复杂问题之最”[20]，而复杂之极的教育现场正是教育研究最富生命力的活水源头。教育现场是教师获得专业成长不可或缺的土壤，在这片土壤上只有研究型教师才能真正获得专业发展。研究和实践经验一再证实：教师任何教育理论的内化和实践策略的获得，都不可能只通过一次或几次培训活动完成，它需要在一系列的后续实践活动中不断得到应用后才能完成[21]，即教育现场对于教育理论的检验与内化、对于实践经验的总结与提升均具有重要意义。有学者提出，幼儿园教师作为“大地”的人，其学习根植于每日的教学活动，教育机智与实践智慧只能从工作现场中产生[22]，而教育现场就是幼儿园教师成长的最佳“大地”。

常常有幼儿园教师慨叹课题研究或公开活动选题难，其实是其忽略了教育现场的丰富性、灵活性和复杂性。幼儿园教师在寻找研究素材时需要回观教育现场，因为“大地”中有真问题，有真答案。教育现场平凡但不简单，其间不乏研究契机，只要教师勤于发现，加上科学的方法，就能使普通的教育教学工作转变成一种探究的生活方式[23]，成为杜威所谓“有自由实验精神的探究者”[24]，走上苏霍姆林斯基所谓“幸福的道路”。从这个意义上来说，立足教育现场正是幼儿园教师专业成长的起点。

三、关注学前儿童是研究型教师专业成长的核心

教育现场纷繁复杂，如何才能保证幼儿园的研究品质切实提升呢？有学者曾指出，关注学生、研究学生、发展学生，这是教师专业发展的定盘星，强调好教

---

⑲ 杨孝如．回到复杂的教育现场——由衡水一中入浙争论引发的思考[J]．江苏教育研究，2017(17)：72－76．

⑳ 叶澜．世纪初中国教育理论发展的断想[J]．华东师范大学学报(教育科学版)，2001，19(1)：1－6．

㉑ 刘占兰．从专题到现场：相互衔接与呼应的培训方式[J]．学前教育研究，2006(10)：44－47．

㉒ 姜勇．现象学视角下幼儿园教师的成长隐喻[J]．学前教育研究，2010(4)：34－37，42．

㉓ 温勇，宋广文．研究型教师及其发展研究[J]．中国教育学刊，2006(9)：69－73．

㉔ 涂诗万．杜威论“好教师”与“弱教师”[J]．全球教育展望，2017(6)：68－82．

师需要具备强烈的生本意识[25]。具体到学前教育领域，笔者认为发现儿童、分析儿童、引领儿童则是该场域关注儿童的具体内涵，是“以生为本”“以学定教”的深刻前提，即理解幼儿是幼儿教育科学化和适宜化的前提，欲使惯常的“成人之心”更加贴近“幼小之心”，关注儿童势在必行。

美国学者富勒曾从教师问题关注的视角把教师的专业发展分为四个阶段：任教前关注阶段、早期生存关注阶段、早期教学情境阶段和关注学习阶段。他认为教师问题关注的发展是一种线性的脉络，具有“相对不变性、序列性和等级性”[26]，可见，富勒认为关注学生是教师专业发展到最高阶段才出现的。我国学者张世义等在对该理论进行验证时发现，幼儿园教师同时关心多种问题，只是不同阶段关注的层次不同[27]，例如同样是关注学生维度，新手教师、熟练教师和专家型教师则经历了面向集体、关注儿童需要和关注儿童个性化发展等多个发展层次。由此可见，幼儿园教师关注儿童也存在一个逐级进阶的过程。笔者认为幼儿园教师发现儿童、分析儿童和引领儿童的过程集中体现了幼儿园教师专业成长转变的轨迹，关注儿童可谓是促进研究型教师专业成长的核心。

四、立足现场和关注儿童对于成就研究型教师的三个作用表现

（一）教育现场可以激发教师的研究意识，发现儿童，焕发教师的研究激情

教育研究源于教师的问题意识[28]，没有问题意识就无法洞察教育教学中潜藏的问题，更难以切实改进教育教学实践。教育现场中蕴含了各种复杂性矛盾，尤其“儿童有其固有的观点、思维方式和感受方式”[29]，因此儿童的表现常常让成人出乎意料。试看以下情境：

㉕ 单智. 关注学生：教师专业发展的标志[J]. 中学语文教学，2014(11)：82.

㉖ CONWAY P F, CLARK C M. The journey inward and outward: a re-examination of fuller's concerns-based model of teacher development[J]. Teaching & teacher education, 2003(19): 465 - 482.

㉗ 张世义，顾荣芳. 从问题关注的视角构建幼儿园教师专业发展的阶段[J]. 学前教育研究，2013(4)：57 - 63.

㉘ 同㉓：69 - 73.

㉙ 佐藤正夫. 教学论原理[M]. 钟启泉，译. 北京：人民教育出版社，1996：147.

情境 1：木耳炒鸡蛋是什么味道？

客人老师："木耳炒鸡蛋是什么味道呀？"

小班幼儿 A 回答："甜的。"

小班幼儿 B 回答："咸的。"

情境 2：幼儿的解决办法是什么？

成人："小朋友把整个墙面画脏了，被妈妈批评，不高兴了怎么办？"

幼儿："把整个墙面画满，妈妈就看不出来了。"

情境 1 中，本是客人老师的应景之问，却得到让成人诧异的答案。为什么同一个锅炒出的木耳鸡蛋，同一个班的两位幼儿一个说是甜的，一个说是咸的？情境 2 中，当幼儿"犯错"后，为什么会选择让"事态扩大"的解决办法？孩子的表现常常让成人感觉出乎意料，这种来自教育现场的认知冲突往往使得教师开始反思自身已有的认知结构是否合理，自己惯常的思维模式是否恰当，自己已有的儿童观和教育观是否有了偏差。因此，教育现场可以激发幼儿园教师的研究意识，帮助教师真正发现儿童，从而使教师在教育现场更加乐于研究、愿意尝试，把研究作为一项有趣又有意义的挑战。

发现儿童，就是在普通教学现场和日常生活情境中发现儿童特有的"幼小之心"。儿童的心理逻辑不同于成人，如果一味从成人的视角和标准去揣测和评价，会让我们与真正的儿童失之交臂。有学者提出，学习可以比喻为从已知世界到未知世界之旅，在这个旅途中，我们同新的世界相遇，同新的他人相遇，同新的自我相遇[30]。对于幼儿园教师来说，研究性学习带来的种种相遇更是俯拾即是，因为幼儿有其固有的感知世界、认知世界的方式，这种特有的"幼小之心"不同于惯常的"成人之心"，往往会让幼儿园教师感觉"出乎意料"。于是一个新的世界、一种新的儿童形象得以在幼儿园教师脑海中展开，教师固有的儿童观、教育观也会随之更新，先前的"出乎意料"就变成了"情理之中"。当幼儿园教师通过研究的眼光审视，以研究的心态揣摩幼儿的想法时，幼儿园教师会与新的儿童形象相遇，也会和新的专业自我相遇，这是一种对想当然的儿童观和教育观的涤

[30] 同①：31－35.

荡与更新，对于幼儿园教师的专业成长具有重要的支撑意义。

（二）教育现场可以推进教师的研究行为，分析儿童，促成教师的研究习惯

当教师能够敏锐地发现问题、有较强的问题意识后，往往会采取一定的方式和手段为自己答疑解惑，包括反躬自省、请教同事、咨询专家、拜读经典、在线学习等。其中，最重要的就是通过种种手段实现对儿童的科学化解读，即对“儿童是什么”“儿童究竟怎样”等问题进行批判性思考。试看以下情境：

情境3：到底哪边才安全？

幼儿和爷爷分别在马路的两边，此时，一辆快递摩托车渐渐驶近，爷爷惊呼：“靠边！”意指待在路旁别动，幼儿闻声却立即横跨马路奔赴爷爷身边。

情境4：幼儿为什么不喜欢新园？

宽敞的户外活动场地、高雅的木艺小作坊、琳琅满目的美工平台、旋转楼梯连接的高大上睡房……教师以为又大又漂亮的新园舍孩子们一定喜欢，但参观后发现，小班的孩子并不喜欢。在随后组织的“我的新幼儿园”活动中，幼儿们更是化身小小“背包客”，背包始终不离身，随时准备“逃离现场”。

情境3中，难道幼儿不知道此时横穿马路甚是危险吗？爷爷都大声提醒过了，为什么幼儿还是不听话呢？于是爷爷责怪孩子：“让你靠边你还跑?!”情境4中，为什么教师精心设计的环境，精心编排的活动，在幼儿那里却是吃力不讨好呢？当幼儿频频“不按套路出牌”时，教师如何“见招拆招”？笔者认为，要摸清“幼小之心”的心理逻辑，还需做到分析儿童。当幼儿园教师有意识地时时、处处、事事分析幼儿时，长此以往，教师就会形成勤于反思、反复求证、踏实钻研的研究习惯，从而不断推动教育教学过程的最优化和合理化。

分析儿童意味着对于幼儿的某些典型行为进行深入剖析，善于从表面看本质，即能够从幼儿的表面行为洞察幼儿的内在思维特点。仔细分析可以发现，情境3中，成人视“靠边”为安全，幼儿视“身边”为安全。爷爷想当然地以为幼

儿可以理解马路边是安全的地方，于是言语指挥孩子“靠边”，却没想到在幼儿心中，“爷爷身边”才是最安全的地方。正是由于成人常常不能贴切地理解和把握幼儿的种种心理，于是在进行安全教育时往往说教色彩浓厚而收效甚微。情境4中，对于新环境的设计，幼儿没有参与感，对于新活动的生成，幼儿没有期待感，当天下雨加之众多陌生客人老师的到场，更是增强了幼儿的焦虑与紧张情绪，因此幼儿始终觉得自己是“匆匆过客”。分析幼儿需要结合具体情境，对幼儿的所思、所行进行深入剖析，成人需要时刻牢记，我们面对的幼儿并不是无知无识的个体，他们依靠着独属这个年龄阶段的朴素理论认识和解释着世界，成人只有切实分析、真正体悟幼儿认知世界的方式，才能填平二者间的认知沟壑，才能真正读懂幼儿。

（三）教育现场可以增强教师的研究能力，引领儿童，提升教师的研究水准

新的芬兰教师教育课程实践表明，学生对研究的态度是在研究的过程中发展变化的。这种新的教师教育试图使学生头脑里关于教师在工作中持续不断地专业发展到底意味着什么的表征具体化[31]。此举对于我国幼儿园教师教育具有重要的启示意义，即教师专业发展对于一线教师到底意味着什么，唯有将其具体化、可视化，一线教师对于研究的态度、对于专业发展的态度才能有新的突破。教育现场有助于激发教师的研究意识和推动教师的研究行为，可以帮助教师不断地将感性的、表面化的经验提升、内化为教师的实践能力，使教师头脑中的“不确定知识”得以落地，从而使“教育研究”“教师专业发展”这种比较抽象的概念得以具体化、可视化到一线教师具体的研究活动中。当教师在具体的教育现场不断地进行反思、求证和钻研时，其研究能力和研究水准自会渐渐质变提升。譬如在探索健康区域活动如何更好地推动幼儿发展，如何更精准地促进幼儿进行深层学习时，经过具体的研究过程，幼儿园教师会经历从“摆地摊”“赶时髦”到“有层次指导”“个性化指导”的转变，如此便可帮助幼儿园教师在研究能力和研究水准的步步进阶中切实体验到专业成长带给自己的充实、长进和内在愉悦。此外，

㉛ 同⑮：21－25.

幼儿园教师研究水准提升的外在表征，则显著体现为教师可以更好地引领儿童。

情境5：幼儿不想参加活动就随他自己？

中班年级组健康戏剧活动“美味什锦菜”正在多功能室进行得如火如荼。当其他幼儿在舞台上兴高采烈地表演各种各样的蔬菜时，黄黄头发、单薄身板的昆昆却不愿意参加集体表演，并且反复对身处现场的笔者说：“我最不喜欢吃蔬菜了！”班上的老师是知道昆昆的特点的，也对笔者说：“他从不吃蔬菜，也不愿意（表演），我们不强迫。”笔者意识到，这类鼓励孩子吃蔬菜的健康教育活动其实对不吃蔬菜的昆昆更有针对性，也更有意义，于是，开始尝试做昆昆的思想工作。但昆昆是一个敏感的孩子，必须找到一个巧妙的方式。舞台上的孩子是昆昆的同班伙伴，昆昆自然是熟悉的，于是笔者开启了对昆昆的“求教式引导”。笔者询问：“那个表演青菜的是谁呀？”“那个表演西红柿的是谁呀？”……对于这些问题，不出意料，开始时昆昆都很自豪地告诉了笔者，笔者因此拉近了与昆昆的心理距离，于是在活动结束前，笔者根据昆昆的意愿帮他争取到了帮老师端菜回班级的“美差”，笔者之所以帮昆昆争取机会，是因为看到了昆昆希望端菜的渴望眼神，这个眼神也让笔者看到了让昆昆吃蔬菜的希望。果然，在昂首挺胸端菜回班级之后，昆昆吃完了分给他的那一份蔬菜，班上老师说，这对昆昆而言，属于史无前例。

情境6：她从来不出小一班的门？

据原班教师反映，晶晶这个小女孩“很有个性”，从来都不出小一班的门。喜欢到户外、喜欢玩游戏本是孩子的天性，难道晶晶真的很特别？笔者仔细观察发现，晶晶确实不愿意离开小一班活动室，一般的邀请对她来说无济于事。正在笔者一筹莫展之时，发现在小一班和小二班教室之间的过道上，有一个“应有尽有”的化妆区——梳子、电吹风、口红、指甲油等用品非常丰富。笔者想试试晶晶对这个化妆区的兴趣，便带着无比的羡慕之情告诉晶晶：“你们班的化妆区竟然有电吹风、口红、指甲油啊！”晶晶的反应之快超出了笔者的预期，只见她二话没说，冲出了小一班，直接来到化妆区，摆弄起各种化妆用品，算是第一次出了小一班的门！等到该收玩具时，这个原先不肯踏出小一班一步的孩子竟不愿意离开化妆区了。

引领儿童意味着教育不是浅尝辄止，而是有针对性的引导。笔者认为，成人，尤其教师需谨慎对幼儿作出“从来不……”的评价，譬如“他从来不参加活动”“她从来不愿意睡午觉”“他从来不吃胡萝卜”等等。当幼儿表示不想参加某活动时，教师应尊重儿童但不是听之任之，不是熟视无睹，更不是轻易给孩子“贴标签”，真正的教育是引导儿童并且在教育工作遇到挫折时不轻言放弃，真正的尊重和关心幼儿，意味着教师要想方设法地为每一位幼儿创造个性化的学习机会，真正引领每个幼儿在自己原有基础上都有所发展。

五、结语

综上所述，对于幼儿园教师专业成长来说，成为研究型教师是指向，立足教育现场是起点，关注学前儿童是核心。幼儿园教师专业成长的过程就是幼儿园教师系统地、批判地考察自己在教育现场中的表现以及自身实践给幼儿发展带来的影响，从而不断提升自身研究品质的过程。幼儿园教师只有时时、事事、处处保持研究的眼光、践行研究的行为、养成研究的习惯，在具体的教育现场，眼里始终装着儿童，才能为自己的每一项教育决断和教育选择的合理化找到可靠依据。在研究型教师专业成长过程中，其阶段性成果则表现为幼儿园教师在研究性学习旅途中不断地与新的世界相遇，与新的儿童形象相遇，与新的专业自我相遇，由此孕育的生生不息的发展动力有助于建立幼儿园教师可持续发展机制。

活的师范教育

——陈鹤琴师范教育思想及其启示

黄　进

一、“活教育”理论的诞生与师范教育实践

“做人，做中国人，做现代中国人”的教育目标，“大自然大社会都是活教材”的课程观念，以及“做中教，做中学，做中求进步”的教学方法——陈鹤琴的“活教育”思想在学前教育领域可谓是人人皆知，一直被视为现代中国本土学前教育思想和理论的代表性成果。我们在学习这一理论时，常常将儿童看作是“活教育”实践和实施的对象，认为教育目标是教育儿童未来要达成的目标，大自然和大社会是儿童的课程，而“做”则是儿童的学习方式。但相对忽略的是，“活教育”思想和理论是在中国幼稚师范教育初建的背景下催生和体系化的，甚至师范教育就是“活教育”重要的组成部分。

“1934 年，我曾经做过一次欧洲 11 个国家的教育考察，对欧美新教育的理论和实践得以认识，并给我一个新的启示，而大胆地提出了‘活教育’（living education）的主张，创办幼稚师范，目的就在于实验活教育的理论，使它能成为

全国广泛的教育运动。”[①] 1934 那一年，陈鹤琴以私人休假的名义，从上海登船前往英国，开始了为时七个月的欧洲之行，这是陈鹤琴第一次到访欧洲。他重点考察了英国的教育制度、比利时的德乐可利特殊儿童学校、荷兰的蒙台梭利学校、波兰的教师教育现状、奥地利的儿童艺术教育现状等等，而给他最深印象的，是苏联的社会主义教育的崭新风貌，尤其是看到了马卡连柯教育思想对社会的良好影响。同时他也感觉到了国家的强大与国民教育有着密不可分的联系，坚定了自己的教育信念。陈鹤琴的这次欧洲之行，不仅使他对于新教育精神的内涵有了更深刻的认识，也使他自己经历了一次重要的人生变化[②]。回国后，他写下了这样的感想：“（一）各国注意健康教育，注重体育；（二）各国注重‘做’字，注意培养动手能力和创造精神；（三）各国的教育普及；（四）教师教法好，有专业研究精神。诸位都是教育界同仁，大家快团结合作，一致努力新教育运动，使上海的教育兴盛起来，全中国教育普及起来。”[③]

那时，陈鹤琴已从美回国逾二十年。这二十年里，他做了许多事：他进入国立南京高等师范学校担任教席，专业授课的同时，负责组织学生活动；在东南大学成立后，成为该校新教育的主要参与者之一，积极推进教育改革；进行了一项大的社会调查，研究学生的婚姻观念和状况，同时做了语体文词汇方面的研究，这里可以看到他呈现出对宏大的社会问题的兴趣；推动智力测验和其他心理测验来作为教育的科学基础；推出了《儿童心理之研究》，尝试以观察为基础，以日记形式来展现个案儿童的心理发展；出版《家庭教育》一书，系统地论述了儿童心理发展与教育的关系；创立了鼓楼幼稚园，作为中国第一个本土的幼儿教育实验基地；主持东南大学的幼稚师范讲习所，成立幼稚教育研究会；担任南京教育局科长，大力提倡行政学术化，后又前往上海办学；他还向社会做了大量的演讲，加入或者主持过各种社会团体，尤其是 1929 年成立的中华儿童教育社，在学术研究、刊物出版以及学术交流方面做出了极大的贡献……

如果了解到他在儿童教育方面的观念立场，以及繁忙的日程、丰富的从教经历与社会生活阅历，就会知道“活教育”理论体系的诞生与成熟不过是早晚的

---

① 陈鹤琴. 陈鹤琴全集：第五卷[M]. 南京：江苏教育出版社，2008：36.
② 柯小卫. 陈鹤琴传[M]. 南京：江苏教育出版社，2008：168.
③ 同②：168－169.

事。但抗战的爆发却使得这一思想的提出和实践产生在了江西。1940 年，由于江沪形势危急，陈鹤琴没有办法再去工作，而此时他在哥伦比亚大学读书时的同窗正在江西教育厅厅长任上，联络上了之后接他入赣，此为创办师范学校的来由和时机。陈鹤琴此前的工作经历告诉他，要想实现儿童的福祉，必须大量创办现代化的新学校，而学校的关键在于师资。二十多年来，陈鹤琴的夙愿就是创办一所中国化的幼稚师范学校，实现教育理想。幼教师资对幼教事业发展起到关键作用，而创造中国化的新教育，更离不开建立中国化的幼教师资训练机构④，他需要将在中西文化交汇之中产生的自己的教育思想，通过师范教育的实践来传播和传达到广泛的社会中去，而这一过程需要对过往的教育实践进行彻底的反思和提升，也需要清晰的理论阐述和论证。实践需要是理论创造与建设的推动力，这在陈鹤琴的“活教育”理论创立这里可谓体现得十分充分。

1940 年，陈鹤琴经过在多地勘察校址，最后将幼师学校选在泰和县文江村。他克服了经费严重不足的问题，带领办学队伍进行学校的筹建。他亲自购木置料，设计校舍，与师生共同开辟道路，甚至寻找和挖掘水源。由于陈鹤琴强大的感召力，他的学生和助手们也陆续从南京、上海、福建等地来到泰和，加入办学队伍。学校建在大岭山上，松林葱翠、空气清新。陈鹤琴为幼师学校设计了一头可爱而充满生机的幼狮作为象征，精心设计了课程，即采用讨论的方法教学，同时将生活作为教育的重要组成部分，这就是江西省立幼稚师范学校，当时还建设了附属小学和幼稚园。1943 年改为国立幼稚师范学校之后，学校又增添了幼稚师范专修科，来培养幼稚师范学校的师资以及幼稚教育运动的干部。

1941 年，由陈鹤琴主编的《活教育》月刊在江西出版，标志着“活教育”理论开始形成。虽然之前他也曾经在陶行知思想的基础上，论述过以“活教育”反对“死教育”的想法，但并未系统化。陈鹤琴在《活教育》月刊的发刊词中写道：“我们应当怎样使这种腐化的教育，变为前进的，自动的，有生气的教育？怎样使教师教活书，活教书，教书活？怎样使儿童读活书，活读书，读书活？……我们要有活教师，活儿童，以集中力量改进环境，创造活社会，建设新国家”⑤，他将活教育简要概括为，用“活”的教师去教“活”的儿童。

---

④ 同②：232.

⑤ 同②：252.

这里我们可以看到，“活”的儿童离不开“活”的教师，“活”的教师的培养本来就是“活教育”理论体系和实践的有机组成部分。幼师的诞生，也是“活教育”理论诞生的契机，同时也就开始了“活教育”的实践。

二、“活”的师范教育

（一）师范教育要培养“活教师”

陈鹤琴回顾前半生时，曾经非常痛心地认为，自己从 11 岁到 13 岁之间的年月，在陈家私塾被耽误了。私塾里的先生抽鸦片，上课没精打采，只管要学生背书，从不讲解，导致自己“除了认识三四千字外，可说几乎完全付诸东流。今日思之，唯有惋惜、感慨、痛恨而已”⑥。而到了惠兰中学，他却终身感激当时的校长，“不怕艰苦，离家乡，渡重洋，到中国来，一天到晚，教导我们，爱护我们。在他的熏陶下，我们的人格也就潜移默化，发荣滋长了”⑦。这些经历在他后来的教育生涯中成为回顾和反思的内容，让他对教师形象有了鲜明的比对。他在 1941 年《活教育》杂志上对比了“死教育”中的教师和“活教育”中的教师，详细列出了不同的表现：

> 死教育中的教师：板着脸孔，威严可怕；声音粗糙；随便谩骂；大声喊叫；走路拖地；立起倾斜，坐下驼背；衣冠不整，头发蓬松；脾气暴躁；没精打采；模仿；多病；忧愁悲观；苟且因循；思迂；孤独利己；冷酷；敷衍；教学呆板；不明了儿童心理。
>
> 活教育中的教师：笑嘻嘻的，和蔼可亲；声音悦耳；说话有礼，多鼓励；低音清晰；行动轻快；立得笔正，坐得挺直；衣履整洁，面目清楚；态度从容；精神饱满；创造能力；健身；快乐、乐观；研究精神；乐业；互助合作；慈爱；负责；教学有技能；了解儿童心理。

这是两种完全不同的教师形象。陈鹤琴正是采用这种描述性的语言，来让人

---

⑥ 陈鹤琴．陈鹤琴全集：第六卷[M]．南京：江苏教育出版社，2008：506．
⑦ 同⑥：515．

从“感受”而非抽象思维的途径来理解“活”的教师应该具有的特质，从行为、外貌、表情来勾勒教师信念与心灵的世界。这样的描述也非常适宜于教师用来反观自己，从言行举止来规范自己，可以说真是意味深长。

陈鹤琴在论述师范教育目标时表述为两点：

1. 我们相信教育在培养学生做人，做中国人，做现代的中国人——具有健全的身体、自动的能力、创造的思想、生产的技术、服务的精神，才可以做现代的中国人。

2. 我们相信幼师教育是在培养学生做优良的幼稚教师——具有慈母的心肠、丰富的智能和爱的性情、研究的态度。

以下两重境界说显现了他对于“活教师”的定位是有层次的：

首先，教师角色不大于“人”。教师第一要成为一个人，有人所具备的基本的完整人格和尊严；其次，他身上具有深刻的文化印记，是中国的文化哺育而成，有其文化空间归属；再次，他是立于时代长河之中的，现代是他的时间属性。简而言之，教师首先是一个具有独立完整人格的时空中的生命。

作为中国人，作为现代中国人，又该具有哪些方面的能力和素养呢？1948年，陈鹤琴又在前文的基础上做了更清晰的阐述：第一，要有健全的身体。不要甘为病夫，自居朽木，这是对个人的不幸，也是对国家的损失。只有健康，才能实现自我，担负起国家的责任。第二，要有创造的能力。不要因循守旧，故步自封，这样只会导致愚昧无知，科学不举。人生而有创造的能力，要诱导和启发它。第三，要有服务的精神，爱国家，爱人类，爱真理，就要因此而服务人类，服务国家，不能自私自利。第四，要有合作的态度。团结的力量是巨大的，要互相商量，互相容让，不能做一盘散沙。第五，要有世界的眼光。要去了解这个世界，包括自然和社会，去接触和体验，不能坐井观天。

其次，幼稚教师又有其独特性。由于教育对象是幼小儿童，这决定了教师角色的特殊性。“依据生理心理的发展过程，幼稚时期的教育是很重要的一个阶段。在这个阶段中，幼儿身心健康的增进，身体和行为方面良好习惯的养成，以及各项知识、技能的发展，都是决定他将来人格和体格的重要因素……幼稚儿童就是国家的幼苗，应当特别爱护。”⑧ 陈鹤琴无数次由衷地表达过他对儿童的热爱，我

---

⑧ 同①：32.

们也可以看到这不仅出于他天生的性情，更是出于一种专业的精神。他认为，对幼稚教师来说，对儿童的情感和态度是首要的要求。生命不是用来塑造的，而是需要爱来滋养的。同时，他又认为教师同样需要丰富的智能和研究的态度，因为儿童虽小，却要把他们当作和成人一样的复杂对象，对自然规律和个体的特质要保持敬畏，严肃认真地进行研究，不能因为他们幼小而随意待之。

（二）培养教师要用“活教材”和“活教法”

陈鹤琴在儿童课程方面提出“大自然大社会都是活教材”的重要命题，这一命题同样存在于他的师范教育理论和实践之中。《松林中的幼师》一文中，他提出了以下一些针对师范生培养的教学原则⑨：

1. 大自然大社会都是我们的活教材。
2. 活教法是在做中学，做中教，做中求进步。
3. 要培养生产能力，是要学校农场化、工厂化，学生农人化、工人化。
4. 活教师用活教法，教活教材，才有活学生。
5. 活教师，活学生，集中力量，改造环境，才有活社会。
6. 我们能够自己做的，我们都自己来做。

陈鹤琴也在他创建江西省立幼稚师范学校的过程中努力去达成这一理想目标。学校的学生们，是在和陈校长一起建设学校的过程中学习的。首先，学生要学习的，不是教材上的死知识和抽象理论，而是日常生活。“每天有 8 个人主持全校的烹饪。买菜、买米、捡柴、洗菜、淘米、切菜、烧饭、端菜、洗碗等都是学生自己做的”⑩，这个过程中学生们也学习了如何安排营养的膳食。学生们甚至自己开荒筑路、掘土、捡石子、挑石灰渣子，“但同学觉得这条路是他们要走的，这个荒山是他们要开辟的，这个新世界是要他们来建立的，所以他们做到手上起泡，走得两腿酸痛，也不叫什么苦呢!”⑪ 学生们自己编草箬篷、种菜、养猪、养鸡、种花、做玩具教具。“活”的教师首先成了一个自食其力的、有智慧的生活能手。我们也许会认为这是当时战争环境下的“迫不得已”，但陈鹤琴完

---

⑨ 同①：11.
⑩ 同①：11.
⑪ 同①：12.

全是以积极的态度去看待学生们的这些“学习”的，教师不是只读圣贤书的老夫子，而是新生活、新世界的建设者和主人。

其次，他还非常重视建立学校与社会生活的关系。学校为当地民众服务，开办幼稚园和小学，也建立了与周围社群的良好关系。因战争从泰和迁徙到赣州后，学校将医务室扩大，来为患病的村民免费治疗，还去慰问伤兵。当时的幼稚园甚至是在一个旧戏台子上开办的。非常有意思的是，因为开办了幼稚园，有了几十个孩子入学，“村中的总门楼一带，饭馆、小卖部、肉铺、粉丝坊、豆腐坊等应运而生，附近的村民纷纷挑着农副产品前来交易，形成了一个热闹的集市。村民们说，这都是因为幼师的进驻将这里的生意带旺”⑫。幼师和当地村民关系十分融洽，常有联欢，唱歌跳舞、演文明戏，给山村带来了新的气象。为了密切与当地群众的关系，陈鹤琴还引导女生们“拜干娘”，既缓解了女生们思乡和担忧之情，又将文化带到了乡村家庭里，担负了扫盲工作。抗战胜利后，有学生回到了上海，还常常与“干娘”通讯联络，感情十分亲密。

艰苦战争年代的这些师范教育实践，让我们看到一个坚韧、有理想、有能力、眼光远大的教育家形象。当然，这并非他课程的全部。他的课程建立在学校生活和社会生活的厚重根基之上，但仍然具有科学知识和教育专业理论的引领。他们还开设了公民、体育及游戏、卫生、国语、自然、社会、美术、家事、音乐、教育概论、儿童心理、保育法、幼稚教育、时事研究、农艺、工艺、实习十七门课程，既有基本的教育理论的研习，也有不同领域的教育活动的设计以及实践教学。他们采用阅读、讨论、亲自动手做、社会实践与调查等方法来学习，使得课程在师范生那里“活”起来，作为“活”教师的养分。

“活”教材、“活”教法的思想，非常充分地体现于陈鹤琴关于实习课程的见解和实践之中。“实习是一个活动，这个活动，对事说是做，对己说是学，对人说是教。比如试教生领导儿童扫地，这就是做。因指导扫地而得知如何扫法，才可使地面更为清洁，并得知扫地是一件劳苦的事，同时会想到成天劳动的劳力，是格外劳苦的。因扫地而增进整理清洁的能力，改变处事待人的态度，这便是学；因为自己对于扫地有了经验和能力，而使领导的儿童都有了扫地的本领了，

---

⑫ 同②：275.

这便是教。”[13] 如此细致地分析扫地在实习中的价值，陈鹤琴不外乎是想将其中蕴藏的重要教育原理通过这一再平常不过的活动展示出来，使我们看到，实习中的每一处环节，都可以达成教学做合一。他批评道：“试教生在师范学校里所获得的知识，几乎全部失去了做的中心，几乎全部是伪知识。”[14] 因此，“做”是“活”的核心，是将所有师范课程知识关联起来的途径。

（三）师范教育一定要实验

陈鹤琴在《杜威为什么办实验学校》一文中说：“根据一般的见解，所谓‘实验室’，自然是指自然科学范畴内所应用的研究场所，如生物实验室、物理实验室、化学实验室。现在杜威却在哲学、教育的范畴之内也运用了实验室，这不能不使人惊异。其实不然，就杜威的实验室——实验学校的目标，来跟其他实验室相比较，我们便不难看出其间的共通点。”[15] 陈鹤琴进一步分析杜威实验室的目的是：对某种理论、陈述和原则予以说明、试验、证实及批判；在特定的路线之内，做某些事实和具体原则的量的补充，使路线本身更加完备丰满。

教育是一种实验，这也是贯穿陈鹤琴的理论思想和实践始终的信念，否则他不会去创办从幼稚园到小学的各种初等学校，同理，也不会去创造性地建设出一所幼稚师范学校来实验他的教育理想。前面我们说过，正是幼稚师范学校的创办，成了“活教育”理论体系诞生的契机，这是因为他必须要到实践中去说明、实验、证实、批判、丰富他的理论，他也就迫切需要言说，需要传达，需要一套话语体系来构筑这一新世界。实践出真知，实验出新知，要推动这传统文化大地焕发现代生机，他感觉到不能照搬任何国家或者先知的理论和思想，只能在先进的思想的引领下，脚踏实地地进行本土的实验。

实验意味着要不断行动，不断反思。陈鹤琴在批判当时师范教育的弊端时说：“师范学生大多数是因为师范学校不收膳宿费用，所以去进师范学校的。在学的时候所学的无非是书本教育，并无施教的需要和欲望，毕业以后亦并不一定诚意地去做教师，无所谓动机和动境。师范教师呢，亦只照例地在纸上空谈教授

⑬ 同①：132.
⑭ 同①：132.
⑮ 同①：114.

学生，明知道没有效力，亦无法去改革。”[16] 当时的师范生毕业了，有的赋闲，有的改行，有的勉强去当小学教师，却一脑子旧观念。

陈鹤琴细陈了五点，作为师范教育要实验的理由：新教育以来已四十余年，学制时长变更，缺少稳定，需要研究出完备的体系；欧美新教育的学制、课程、方法都适合于他们的国情，而不一定适合我们；我国优良的师资，都是从教育实践过程中培养的，以前所受的师范教育常常学非所用、用非所学；过去的师范教育只会教书，专注书本学习，对儿童毫无益处；目前正值全国的师范教育运动，对师范生职责有了明确的规定，将来不仅要做儿童的导师，还要做民众的导师，还要谋社会教育的推进。因此他倡导设立“国立实验师范学校”，研究师范教育和国民教育，在实验中去创造未来的师范教育。

进行师范教育实验，除了在专家、编制、经费等问题上要有筹谋，在师范院校的课程方面，也要进行研究和实验。一方面，可以维持原有的学科制，深入进行分科研究；另一方面是“混合课程研究实验，打通各个学科，采用每一教育问题之研究和实验”[17]。具体说来，实验师范学校的实验内容主要有：师范的学制及行政研究、师范的课程实验、师范的教材研究、地方建设研究、国民教育课程研究、新教育方法的实验、国民教育学制及行政研究、儿童心理及成人学习心理的研究。这些问题，为师范教育的研究勾勒了一个具体框架，重要的是我们从中看到了一种问题取向。

三、陈鹤琴师范教育思想的启示

（一）明确师范生的规格和使命

陈鹤琴在创建江西省立幼稚师范学校这样一种教育实验行动之后认为，将来的教师应该培养成能够化民俗、为社会谋幸福的国家基层政治的中心人物。中国当时的师范教育还没有形成完备的人才规格的思路，因此，需要结合时代的发展状况不断探索和行动。将陈鹤琴的思想和实践置于当下的中国教育现场，我们会发现，尽管时间过去了几十年，他要解决的问题仍然还是我们的核心问题，他许

---

⑯ 同①：26.

⑰ 同①：30.

多话语仍然能对我们当前的实践起到引领作用。

针对“死读书、死教书”的传统文化现象，师范教育应该培养“活”的教师。一个“活”的教师应该爱儿童，对儿童怀有慈母之心和热爱之情，愿意将自己的生命献给儿童的成长；应该懂儿童，掌握科学的儿童心理学知识，具有良好的观察意识、观察能力，以及教育研究能力；应该对社会和国家怀有建设精神和服务精神，即将儿童作为未来的国民，也要以自己的专业思想去影响他周围的民众。这些描述具备了很强的专业性和前瞻性，放在现在不仅不过时，而且还仍然是我们培养的方向。2012 年颁布的《幼儿园教师专业标准（试行）》（以下简称《专业标准》）中贯彻了这样的基本思路：师德为先，幼儿为本，能力取向，终身学习。《专业标准》中将专业理念与师德、专业知识和专业能力三方面作为幼儿园教师必备的基本素质与条件，尤其注重专业理念与师德，将其作为《专业标准》的灵魂与核心。这里突出了教师“做人”的重要性，以及对儿童的情感与责任。

而陈鹤琴强调的，教师要能成为“为社会谋幸福的国家基层政治的中心人物”，则体现出了更高的期待。他师承孟禄、克伯屈等人，深入领会了杜威的理论，而且将之化为了在中国的教育行动。这一观点深刻地体现了杜威将学校教育作为社会改革的实验场以及助推器的思想。杜威在批评教育是对社会的“适应”时说：“在故步自封的社会，在把维护已有的风俗习惯作为价值标准的社会，这种观点基本上适用。但是这个观点不适用于进步的社会。……人们表示要有意识地利用教育，使青年人在不应产生社会弊病的道路上开始，以消除这些显著的社会弊病。同时，他们还设想使教育成为人类实现更好希望的工具。但是，我们无疑还没有实现教育作为改进社会的建设性媒介的潜在的功效……”[18] 陈鹤琴力倡从幼小儿童开始，从学校开始民主的教育和生活，从而移风易俗，缔造未来的民主社会。学校可谓是未来美好生活、美好社会的开端，但是学校教育又处于原有的社会结构之中，又受到已有的制度、观念、风俗的制约和影响，因此教育改革是一件极其艰难的事情，必须从多个环节着手。其中，教师和学校对于民主社会的建设起着至关重要的作用，教师带领学生通过共同生活、交流沟通、自主探索和学习，来创建一种符合人性的学校生活，又通过学校来影响家庭，从而完成社会的改造。这是杜威的思路。

---

⑱ 杜威. 民主主义与教育[M]. 王承绪，译. 北京：人民教育出版社，2001：89.

陶行知和陈鹤琴都继承了杜威通过教师和学校去影响、改造社会的思想，并都进行了本土化的实践。教师不仅是千百种社会职业中的一种，他还是未来人类的缔造者，是未来社会的培育者，要看到他可能在文化、政治生活中发挥的重要功能。因此，教师并不因为他所教育的儿童年幼就不重要，恰恰是教育对象的年幼，使学校和家庭更密切地联系在了一起，学校教育的观念、思想和实践会更大程度地影响到家庭生活。因此，我们的师范生培养不仅只是培养一个技术、技能意义上的专业人员，更应往卓越教师的目标上努力。我们应该培养的是改造社会的人，用自己的专业思想和实践去影响更广泛的社会群体的人。

（二）理论与实践互哺

蔡元培在论述大学教育时说："大学者，研究高深学问者也。"师范教育体系经过发展，也形成了高职高专和高等师范院校两种专门培养师范人才的场所。对于高等师范院校而言，其优势在于理论研究。它往往拥有更优越的学科平台，更集中的学术资源以及更深厚的学问根基。国内知名的师范院校，教育科学皆为其优势学科，聚集精力做教育这门"学问"。出于国内外大学学术评价偏好以及研究者对学术"品位"、地位的追求，使得教育研究者致力于追求理论的高深以及量化的精密，一方面当然生产出了大量的、成体系的、专业化的"知识"；另一方面却也使得研究者加固了一种旁观者身份，对于教育实践漠不关心，或者高高在上地指手画脚、任意评点。

"在基本属性上，区别于哲学、社会学、心理学等作为教育理论之基础的其它诸多学科的理论，教育理论乃是一种实践性很强的专门理论"⑲，而高等师范院校的教育研究却很容易沉浸在学术殿堂或者象牙塔里，以产生学术共同体认同的科学成果为目标。对于这些成果是否能传达到"圈子"之外，尤其是影响到广大教师以及民众，却不那么在乎。"纵观我国教育界可以发现，教育理论的话语权一般要高于教育实践。原因之一在于从事理论生产的人大多来自大学或者科研机构，被赋予更高的社会地位。"⑳ 这个问题长期以来存在，不仅妨碍了理论知识

---

⑲ 吴康宁．以友好方式向教育实践工作者提供教育理论——关于走出教育理论生存困境的一个思考[J]．教育研究与实验，2017(5)：2.

⑳ 王晋，侯云燕．三问"教育理论与教育实践的关系"[J]．教育理论与实践，2017(10)：15.

的转化和传播，也使得实践逻辑因循现有的大众观念和经济利益，得不到质的提升。

这一问题上，陈鹤琴所做出的表率与贡献是让人感佩的。他与陶行知类似，写的理论文章，无一不是通俗易懂，用日常经验来阐述深刻思想的。在《怎样做一个理想的教师》中，陈鹤琴阐述道："教书是一件难事，我们在过去学校中所学的，有许多不一定是相宜的，所以我们不能一味地拿了书本去教学。我曾参观过一所学校，那所学校正在菜场后面，我便问一位教自然的先生道：'你教自然有什么困难?'他答道：'校中无标本、仪器，觉得非常困难。'我就对他说：'你的标本就在你的前面，你买了鱼来，就可以看见鱼的动作，鱼的沉浮；你买了一只萝卜或几粒豆，你就可以研究它的形态和生长程序；你在这环境里，尽可研究一年四季的东西，不一定按照书本的内容呆板地去教学。我们做教师的，应当随时随地留心去观察，尽管不是书本上的材料，我们也要利用它，使它变成教材，何况明明是极好的教材呢!'"[21] 这一段话，生动、鲜活地展示了从经验改造做起的哲学思想，对哪怕不懂得术语的人，也非常容易理解和行动。

他对于师范生的教学，是通过一起做、一起进行教育实践来完成的，连玩教具都和师范生一起设计开发。他将极大的热情投入到师范办学之中，各个环节事无巨细地进行管理，不辞劳苦，因为他深知这一切皆是教育的学问——做学问并非坐在书斋里去生产高深知识。在他身上，教育家和教育思想家的身份是完美地合二为一的。陈鹤琴在上海女师全体教职员会上说："师范学校的老师与课程不仅要在深度上学习，而且其重心应放在学以致用的原则上。今天在学校里所学的，一定要以实际需要为主，如果与实际脱了节，学生出去就不会上课，这是今天整个中国教育的大病。"[22]

我们当今的学前师范教育，一直也在呼吁要将理论与实践、知识与行动结合起来。学生被理论与实践之间的鸿沟深深困扰，对实现二者更好地贯通也有很高的需求。从陈鹤琴的思想和实践那里得到的重要启示是：教师应该将理论话语与经验话语之间的壁垒拆除，从师范生的童年经验和受教育的经验那里开始，进行理论引领下的改造，而不是让学生去背诵理论知识；要高度重视实习环节，将之

㉑ 陈鹤琴．陈鹤琴全集：第四卷[M]．南京：江苏教育出版社，2008：143．
㉒ 同①：123．

作为理论和实践之间衔接的桥梁；要创建从教育研究机构到各个层次办学的全面的体系，使得教育知识和经验有良性循环的场所。这样，方能培养有行动的意识、有做的能力、有反思倾向的未来卓越教师。

（三）学校与社会相连

陈鹤琴创办的江西省立幼稚师范学校是一所没有围墙的学校，与自然、村庄完全融为一体。这里的围墙不仅指物理上的，更是精神和文化层面上的。

首先，学生来源极其多样。“有的是从沦陷区逃难而来，也有慕‘活教育’之名专程前来求学的，还有地方保送的，其中有的曾是抗日军队的女兵或大户人家的童养媳，她们遍及东南各省，来自不同的家庭”[23]。有教无类，教育的事业是去追求人类的理想，只要能培育热爱儿童和教育之情怀，具有相关的学识，这个学校就成了一个丰富多元的小社会。大家在陈鹤琴的引领下平等交流对话和学习，学校成了一个大社会的经验交流分享的中心。

其次，幼师与乡村社会之间，几乎是水乳交融的关系。学校通过幼小儿童，联系家庭和当地政府，形成了一个文化中心，不仅服务于当地，甚至将自己所拥有的文明传播到乡村社会之中。陈鹤琴本人从来不辞劳苦，为了传播教育理想，对政府、对大众、对教育界，各处演讲，仅创办幼师前那几个月里就有数十次之多。幼师持续性地运用自己的知识资源、医疗资源为乡村民众甚至抗战服务，普及文化、移风易俗，体现了伟大的服务精神。幼师对当地乡村社会也有所依赖，这种依赖既有资源上的，更有情感上的，这使得这种关系超越了亲密关系，具有了意义共同体的特征。

从社会而来，向社会而去，师范教育在这里不是一个驿站，而恰恰是一个培育器，培育那人人心中向善的种子，让它们找到光明和方向——以教育为志业，并拥有自我生长的能力，成为中国乡土大地上的葱茏林木。审视当下的学前师范教育，我们面临的问题恰恰是从陈鹤琴的时代就想要改革的。目前的高等师范教育受到观念、制度、资源等各方面的制约，使得师范生们走向社会、影响社会成为了一件更为困难的事情。师范生们的角色单一局限于“生”，不仅自己缺少服

㉓ 同②：245.

务社会、当即行动的意识，教师也更多将学生的学校学习作为未来的“准备”。在学校和社会之间，还存有高高的壁垒，等待一纸文凭来跨越。

如果要更好地关联学校与社会的空间，我们需要从陈鹤琴那里进行学习：建立师范院校与实践、实习基地的良好关系，将实践、实习课程作为深入社会的机会；组建师范院校研究者、一线教师以及实习学生的行动共同体，将朝向同一理想的教育改革纳入每个人的反思和行动，研究、教学和学习只不过是同一个过程中的不同方面；要多发挥师范院校在当地社区和文化中的核心作用，尽可能以各种方式，以儿童生活为中心，建立不同人群之间的关系，将有益的理论和观念扩散和传递到民众中去，尤其在乡村社会，让儿童教育机构成为传播文明的场所，以及将家庭、社会组织关联起来的纽结。在专业人的引领下，用儿童的力量、热情唤起友善、亲密的情感，用儿童的智慧征服大众陈旧、功利的观念，正如陈鹤琴在《重视儿童的力量》中说：“他们力量是伟大的，他们所能创造的事业，是成人们想象不到的。”㉔

㉔ 同⑲：339.

"回炉实践"与质量意识、责任意识

章婧婧[1]　王海英

"回炉实践"是南京师范大学学前教育专业（以下简称"南师学前"）于2017年提出的一个创造性做法，即从追踪毕业生终生可持续发展的角度，基于质量意识与责任意识，而采取的一系列回应毕业生在岗工作困扰的持续跟进性教育措施。到目前为止，"回炉实践"常见的做法包括以下几种方式：第一，组建"南师学前嫡系"微信群，持续关注毕业生在其中发起的讨论话题，并积极加入讨论，有时也会由教师发起一些讨论话题，引导毕业生参与互动；第二，开展两年一次的"回家看看"活动，通过重新回到本科课堂短期学习、回到实践基地跟岗实习等方式不断增进专业素养；第三，通过专业班主任与毕业生保持长线联系，关注毕业生需求动态并作出积极回应。本文便是基于毕业生对"回炉实践"具体操作诉求的调查。

一、研究方法

问卷调查法，是指用书面形式间接搜集研究材料的一种调查手段。通过向调查者发出简明扼要的征询单（表），请示填写对有关问题的意见和建议来间接获

① 章婧婧为南京师范大学学前教育专业2011级本科毕业生，现就职于苏州科技城彭山实验幼儿园。

得材料和信息的一种方法②。本研究主要采用了问卷调查的方法。

（一）研究对象

2019 年 8 月上旬，笔者依托“南师学前嫡系”微信群，借助“问卷星”平台，面向南师学前全体本科毕业生发放电子调查问卷，共回收有效问卷 208 份。参与调查者中，男性占比 3. 85%，女性占比 96. 15%。

（二）调查内容

本问卷总体上分为三个维度：维度一是毕业生的基本情况，包括工作年限、工作内容等问题；维度二是毕业生当前所遇到的困扰，囊括了教育实践、理论学习、教育管理、职业发展和其他五个方面；维度三是毕业生对于“回炉实践”的需求调查，是否有参加“回炉实践”的愿望以及对于“回炉实践”有什么样的需求和希望。

二、研究结果

本部分的研究结果主要包括两个方面：一是关于南师学前本科毕业生的发展现状；二是毕业生对“回炉实践”的期望与诉求。

（一）南师学前本科毕业生的发展现状

208 位毕业生中，工作 5 年以内（不含 5 年）的占 37. 5%，占比最大；工作 5～10 年的占比 34. 13%，占比第二；工作 11～15 年的占比 15. 39%；工作 16 年以上的占比 12. 98%。详见图 1。

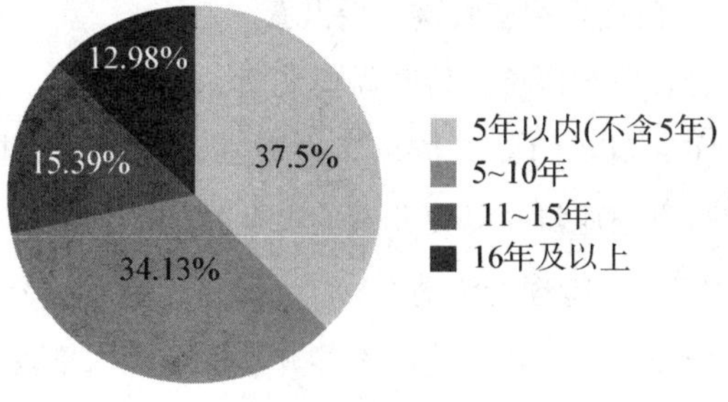

图 1　问卷中本科生毕业年限占比图

② 李香玲．高师院校学前教育专业学生专业认同的调查研究[J]．早期教育(教科研版)，2017(Z1)：49－52.

受调查者的工作情况是：62. 5%的受调查者是幼儿园一线教师，15. 86%的受调查者从事幼儿园行政相关工作，累计有 78. 36%的参与调查者在幼儿园工作；12. 02%的毕业生从事幼儿教育相关的其他工作，如教育机构、幼儿教育杂志出版社等；在占比 5. 29%的其他类中，有 4 人为高校学前教育教师，3 人在高校深造中，在高校担任学前教育教师本质上也从事着幼儿教育相关的工作，在高校学习继续深造原则上也并未脱离本专业，转专业的比例无法量化，暂时不做考虑。综上，93. 75%的毕业生在从事与学前专业相关的工作，说明南师学前专业的引领和培养对于毕业生的就业影响是较大的，该数据也与调查中毕业生对于南师本科生培养满意度高达 98. 1%相契合。详见图 2。

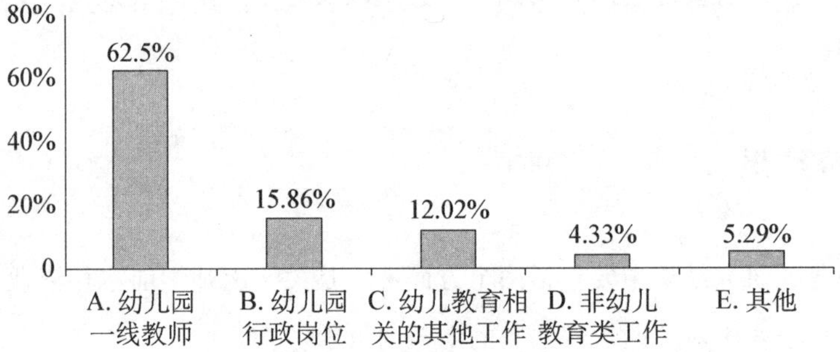

图 2　毕业生工作情况统计图

(二) 南师学前本科毕业生的困扰与需求

从数据汇总来看，南师学前毕业生目前面临的困扰主要包括以下五个方面：

1. 教育实践中如何更好回应特殊需要儿童

从调查结果来看，儿童评价、特殊需要儿童、环境创设、家长工作和儿童观察位列毕业生教育实践困惑的前五位。其中观察、评价和对特殊需要儿童的关注，体现了教师对自身回应特殊需要儿童的专业技能的强烈诉求。

2. 各种实践性问题亟待理论澄清

对于南师学前毕业生而言，理论的素养并不低，但大学期间更多是基于理论的学习，缺少实践的尝试。走上工作岗位后，毕业生发现原来的理论积累远远不能应对实践的各种问题。譬如，72. 6%的毕业生表示迫切需要科学解读和评价儿童方面的理论学习；48. 08%的毕业生表示在教育管理方面需要进一步学习拓展，以便更好开展高质量的班级管理、家园沟通；42.31%的毕业生表示对科学研究方法的再思考、再实践非常重要，迫切需要母校在长线上给予支持；学前教育政策的学习也需求较高，占据36.54%。

3. 如何开展基于儿童发展的过程性评价

从调查来看，评价依旧是毕业生的超级困扰，贯穿于一线教育教学实践、理论学习以及教育管理。对于管理者来说，评价对象不仅仅局限于儿童，还涉及教师和课程等方面，评价的难度较大，复杂性较突出。此外，64.9%的毕业生对幼儿园中正在开展的各种面向儿童的评价、面向教师的评比、面向课程的奖评也颇有困扰，觉得困在制度中，无法挣脱，又找不到合理的方式替代。毕业生有科学的儿童观、先进的评价观，但对于如何基于儿童发展展开过程性评价缺少策略与路径。

4. 未来职业发展如何更好规划

74.04%的毕业生对于自身职业规划存在困扰，表现为缺乏清晰的发展方向和长远的职业发展目标，40.38%有留在国内继续深造学习的愿望，但又存在一些困扰。27.4%的毕业生则在考虑自主创业时遭遇困难，还有19.71%的毕业生在出国留学与否方面存在困扰。人生是一个不断选择的过程，在职业生涯的不同阶段，毕业生的发展规划面临着不同的困扰，需要不断地自我调整，也需要母校给予更长远的支持。

5. 如何才能获得自我认同基础上的社会认同

作为南师学前毕业生，其自我认同与社会认同之间存在着差距。社会上总是或多或少存在着“小儿童”“小儿科”这种对本学科的偏见性认识。学前教育专业的职业属性决定了毕业生的社会认同感和薪资待遇达不到心理预期，这两个困扰分别以60.1%和58.65%的选择率远超其他方面。

三、“回炉实践”探索的必要性、重要性和可行性

基于上述对208份毕业生调查问卷的分析，从现状中不难发现学前毕业生对于本专业的执着、坚守与热爱，从诸多困惑中也不难发现“回炉实践”的必要性、重要性和可行性。

（一）“回炉实践”之所以必要

从生本角度，学无止境。毕业生无论是就业或是深造，总会遇到各种各样的困惑，88.94%的毕业生表示愿意参与“回炉实践”，可见，“回炉实践”对于毕业生而言是必要的。从师本角度，“一日为师终身为父”。南师学前的老师以关注学生终身发展为己任，重视理论与实践相结合的科学教育方法，善于以毕业生在发展中的问题和困惑作为当前教育教学反思和优化的突破口。因此，“回炉实践”对于教师而言也是必要的。从教育角度，教育是长期而终身的伟大事业。联合国教科文组织成人教育局局长保罗·朗格朗在一次关于成人教育的会议上提出“终身教育”的概念。终身教育提出要将学校教育、家庭教育与社会教育有机整合，打破原有教育制度及其实践模式，实现教育类型、形式和资源之间的互通、衔接和共享③。“回炉实践”作为打破原有教育界限的一大尝试，有着充分的必要性。

（二）“回炉实践”之所以重要

“回炉实践”是一种“双重责任意识”的体现。各大高校在探索本科生培养模式的过程中，着眼于优化校内课程的尝试有很多，但是从追踪毕业生发展进而关注学生终身发展的尝试却较为少见。“回炉实践”作为关注毕业生当前发展的一大举措是一种创新型模式，更体现了高校的双重责任意识。

高校在不同阶段有着不同的责任，面对在校四年的学生，其责任在于优化课程，优化师范生培养，此为短期责任；关注学生毕业后乃至终身发展，此为长线责任，目的在于了解需求、提供支持、促进长足提高。双重责任一定程度上是相互依存的，履行好短期责任，培养优秀的师范毕业生，就能避免回炉炒冷饭的尴尬局面；承担好长线责任，则有助于优化校内课程，为短期责任的高效与高质达成保驾护航。

此外，“回炉实践”之所以重要，也是一种“双重质量意识”的体现。这一做法打破了原有教育阶段性的界限，建立起联结高校教育和职业教育乃至终身教育的支架，使得高校的人才培养有了毕业生社会实践的反馈，同时，也让毕业生有了高校师资等资源的长期引领，使得两者实现了有效的互助，从而形成了互利共赢的局面。“回炉实践”所体现出来的“双重质量意识”，一方面体现在本科生

---

③ 郎格朗．终身教育引论[M]．周南照，陈树清，译．北京：中国对外翻译出版公司，1985：100－105．

培养模式能获得与时俱进的社会实践反馈；另一方面，“回炉实践”作为有效途径，能从专业引领、资源提供、有效指导等方面持续保障毕业生终身发展的质量。

（三）“回炉实践”之所以可行

“回炉实践”之所以可行表现为三个方面：其一，取决于双重需求。88.94%的毕业生表示愿意参与“回炉实践”，南师学前也在关注毕业生发展的现实需求，因此，双向需求是“回炉实践”可行的基础。其二，取决于双重资源。南师学前有着丰富而高质的资源，包括专家型教师资源、示范型实践基地、先进的专业理念等，可以为“回炉实践”提供质量保障，同时南师学前毕业生资源丰富，毕业生遍布国内外各地，有着丰富的教育经历，了解各地幼教发展现状，毕业生本身也是宝贵的资源。其三，取决于双重选择。无论是形式、内容，还是时间、周期，南师学前的“回炉实践”都秉承着自由、开放的原则，充分尊重毕业生的需求和选择，使得“回炉实践”成为能真正服务于毕业生的有效方式。

社会诉求对学前教育本科人才培养的影响

——江苏省课程改革背景下的幼儿园教师培养

虞永平

2014年，江苏省教育厅、财政厅发布了关于实施幼儿园课程游戏化项目的决定，由省财政来支持和推动幼儿园的课程改革。幼儿园课程游戏化是一项课程改革项目，也是一项质量提升工程，将在未来相当长一个时期内影响江苏幼儿园的课程建设和教育质量，是在新的历史时期，江苏省对学前教育改革和发展的基本要求，势必会在一定程度上影响学前教育专业人才培养的定位和培养方案、课程体系的改革。

幼儿园课程游戏化是一个课程改革和发展的进程，是幼儿园课程不断建设和完善的进程。幼儿园课程游戏化是幼儿园课程与游戏精神的融合，注入了游戏精神的幼儿园课程应该更贴近儿童，应该更生动，应该更有趣，应该更有效地促进幼儿的发展。因此，除了要关注游戏精神的落实，还必须关注课程本身的优化和完善，必须推进课程向着更有利于儿童成长的方向变革。这是一项系统、长期和艰巨的工作，也是课程游戏化的主干性工作。要落实幼儿园课程游戏化，从江苏省大部分幼儿园课程建设的水平出发，尤其是从幼儿园中普遍存在的一些现实问题出发，需要明确并落实五项基本任务，每一项任务，都包含了幼儿园课程游戏化对人才培养的规格和质量要求。本文将从这五项基本任务入手，讨论其与学前教育人才培养的关系。

一、培养有科学理念支撑的幼儿园教师

幼儿园课程游戏化的第一项任务是完善幼儿园课程理念。这就是强调要以儿童为本，关注现实生活，注重游戏精神，倡导主动学习；强调多感官参与互动；强调让幼儿愿意学习，不断深入学习，有效表征学习；强调在学习中创造；在游戏中学习；在学习中发展个性；在学习中完善品质。要将这些思想融入幼儿园课程理念。生活不等于课程，课程应关注和融合生活；行动不等于学习，要持续在行动中获得新经验；资源不等于经验，但多样化的、适宜的资源能给幼儿带来综合的经验。幼儿园课程理念应更好地彰显幼儿的主体地位，更好地体现幼儿的身心发展规律和学习特点，真正成为指导幼儿园课程建设的灵魂。幼儿园课程理念不同于幼儿园教育理念、管理理念和办园理念，课程理念切忌标新立异，切忌空洞虚化，要切实与国家法规的要求结合起来。因此，课程理念一定是幼儿园老师们理解的、认同的，并且愿意去努力践行的，只有这样，理念才能真正转化为实践，才能真正指导教师的行动，促进幼儿的发展。

幼儿园课程游戏化对幼儿园教师提出了两个方面的要求：一方面是要掌握科学的儿童观、教育观和课程观，能用正确的观念指导教育实践；另一方面是要参与确立和努力贯彻幼儿园的课程理念，这就是要在特定的幼儿园、特定的课程实践中落实科学的儿童观、教育观和教师观，要把法理和学理上的一般要求转化为具体的实践指针和行为指南。对幼儿园教师的培养来说应关注几个方面的问题：第一，通过多门课程，加强对基本的儿童观、教育观、课程观等基本观念的教育，强化观念意识和观念引领实践的意识；第二，加强对观念转化的实践训练，要在相关课程中增加对观念转化情况的考察，尤其应该切实关注实践教学环节，让学生经历观念转化的完整过程，注重对学生在转化过程中出现的问题的指导和引领；第三，在教学实践中，通过现场考察、案例分析、实践锻炼等方式，培养学生从现象和事实中提炼和概括相关的理念的能力，实现理念和实践的有机结合。

二、培养能设计和优化课程方案的幼儿园教师

幼儿园课程游戏化的第二项任务是完善幼儿园课程方案。几乎所有的幼儿园

都有现成的课程方案，这些方案或者是幼儿园在长期的实践中逐步借鉴、开发、积累及改造得来的，或者是简单调整、置换得来的，或者甚至就是直接购买的。这些课程方案与《幼儿园工作规程》《3—6岁儿童学习与发展指南》的要求是否一致呢？与幼儿园的课程理念是否一致呢？是否有效促进了儿童的学习与发展呢？这就需要对课程方案进行重新审视和评价，寻找存在的问题以及解决问题的路径。没有一个幼儿园的课程方案是完美无缺的，没有一个课程方案是一劳永逸的，也没有一个对各级各类幼儿园都普遍适合的课程方案。因此，课程方案的不断完善是课程建设的需要，是提升教育质量的根本保证。课程方案的完善就是要让法规精神融入方案，让课程理念融入方案，让游戏精神融入方案，让幼儿园园长长期积累的经验融入课程方案，让老师的专业热情和专业能力融入方案，让幼儿园拥有的资源融入课程方案。因此，课程方案的完善，追求的是课程方案的适宜性和发展性，即适宜幼儿园的实际，能最大限度促进幼儿发展。课程方案的完善是一个根据幼儿的实际，为了达到让幼儿更好发展的目标，不断借鉴、调整、创新、生发和完善的过程。因此，课程游戏化不是给全省强加一种课程方案，不会使课程一统化、单一化，而是使课程更加生动活泼、形式多样，更具生命力和创造性。

课程方案除了要融入课程理念，还要切实形成课程目标和内容体系。对于大部分幼儿园而言，就是要深入学习和理解《3—6岁儿童学习与发展指南》中的目标，要学会分解和细化一些目标，让目标可操作、可落实、可检验。要自觉将这些目标与幼儿的日常行为对照起来，增加对目标的敏感性，能从儿童行为表现中判断目标，能根据目标鼓励和引导幼儿的行为反应。要根据目标体系选择和生发课程内容，不能无视目标确定内容，不然很容易出现重要目标遗漏，或者部分目标过度充分的问题。要在内容和目标之间形成一种关联，尤其是要从幼儿的现实生活，幼儿园内外环境，幼儿园的现实资源中寻找与目标相对应的生动有趣、综合有序、不断生发的课程内容，这是幼儿园课程方案的基础和核心部分。只有这样，幼儿园课程才能真正实现适宜性、有效性和园本化。

说到底，幼儿园教师要拥有将课程理念、课程目标、课程内容贯通的能力，并在此基础上形成特定年龄班的教学计划，随着课程与教学经验的增长，逐步参与到整体课程架构的设计和完善中。因此，师范院校学前教育专业的培养方案应将课程方案或教学计划能力作为重要的目标，并将其体现在特定的课程之中。应强化以下几个方面的要求：第一，要让学生形成幼儿园课程的整体意识。幼儿园课程不是知识点水平上的碎片堆积，而是一个从理念到目标再到内容，最终到实践的相互联系的有机整体。第二，各学科或领域要从学科的特点出发，依照学科的核心经验，让学生形成制订学科或领域教育计划的能力，学会在纵向安排课程内容的同时，关注不同领域或学科的横向联系和渗透，用系统思维对待教育计划。第三，也可以通过幼儿园课程设计等课程，让学生尝试从主题或其他核心的角度规划幼儿园课程，使学生具有分析主题核心价值、分析基本课程资源、分析学习者能力等基本的素养，在此基础上综合性地计划课程。第四，幼儿园课程是一个庞大的系统，涉及不同的发展领域、不同的年龄段、不同的活动方式、不同的资源和环境，需要幼儿园教师从总体上设计，这种总体设计能力需要在师范院校得到基本的培养和训练。

三、让幼儿园教师真正成为环境的创设者和利用者

幼儿园课程游戏化的第三项任务是幼儿园课程环境的创设和完善。环境规划和创设是幼儿园课程建设的重要内容之一。没有适宜的环境就没有幼儿有效的学习。环境建设的首要问题是安全达标。不但要消除安全隐患，还要符合国家规定的生均室内使用面积和场地面积的要求，符合国家关于活动基本场地设施规划要求，如室内区域及场地设施要求。其次，从户外场地的规划和创设上看，环境创设应切实关注自然性，更多采用自然材料，增加草地面积，种植的树木、花草应更多样化，让幼儿园环境有更浓郁的自然气息，让幼儿有更多亲近自然的机会。尤其应给幼儿提供种植园地，让幼儿有种植、观察、管理、收获的经历和体验。最后，幼儿园的户外场地不称操场，而是称为户外活动场地，这意味着多样化的活动均可在户外进行。户外是幼儿园课程实施的重要场所，做操的功能是场地所有功能中极小的一项。无论风霜雨雪，户外场地都具有课程的价值，都能让幼儿获得有益的经验。要从幼儿活动需要的角度出发，整体考虑户外活动场地的规划和布局，考虑场地的综合运用，既要有特定功能区，如玩沙、玩水区等，又要避免过度分隔，剥夺幼儿奔跑和追逐的机会。要注重打通室内外活动之间的联系，

如种植活动与生活活动之间的联系，文学作品阅读与大型表演之间的联系等等，努力使室内外活动衔接，资源得到有效利用，幼儿获得的经验得到延续。

区域活动与集体教学、日常生活是幼儿园课程实施的三个主要途径。我们从不否定集体教学的价值，但是认为集体教学是唯一的课程实施途径是固执不前的表现，认为已经没有必要进行集体教学了是冲动莽撞的表现，两者对课程的实施都是不利的。问题是要明确集体教学到底指什么，不能把集体教学全部等同于教师的讲解。集体教学本身就是一个教师引导幼儿生动活泼、积极主动、采用多种感官探索发现、交往互动和表达表现的过程。这样的集体教学有合作、有分享、有争论、有互动、有效率，为何不能成为课程的主要实施方式？有效的集体教学一定是引导幼儿活动，而不只是让幼儿听教师讲解。要正确认识集体教学，形成集体教学的正确方法。当然，什么内容适合集体教学也是需要深入研究的。日常生活不全是课程，但日常生活环节中有很多学习的契机，需要充分地加以利用，发挥它们的积极作用。因此，要有生活课程价值意识，要有对幼儿经验的充分把握，以提升对生活事件、生活内容、生活关节的敏感性。

对于进行幼儿园课程游戏化项目的幼儿园而言，最关键的问题是如何充分规划和利用班级的区域，促进幼儿学习和发展。对我国的幼儿园教师来说，传统上的区域主要是经典的游戏区域，如何创设一些适宜的学习区域是一个新课题、新挑战。区域的设计要考虑必要性和有效性。有些经验非常重要，如果用区域活动的方式能最大程度地获得实现课程的目的，那就需要设置相应的区域。区域的设置要考虑支持性和灵活性。任何一个区域，其运行和维护都需要有相应资源的支持，否则幼儿难以获得相应的经验，同时，其余的设置不是一成不变的，可以根据需要灵活调整。区域的设置要多用“除法”，将区域空间除以区域数量，将一个区域的面积除以其中的幼儿数量，将桌面面积除以在场活动的幼儿数量，看看是否足以支撑每个幼儿活动的展开。区域设置要有明确的目的，不能随大流，要切实考虑幼儿的学习与发展。区域之间应具有互补性，室内区域与户外活动之间具有互补性，区域活动与集体教学及日常生活活动之间具有互补性。

根据这样的要求，师范院校在幼儿园教师的培养过程中应重点关注以下几个问题：第一，要强化环境意识，让学生真正理解环境的学习价值，理解多样化的环境对幼儿获得多方面经验的意义，理解环境与幼儿园课程的关系。要通过现场考察、案例分析等方式，让学生体验环境在幼儿学习中的重要作用，进而更深入地理解幼儿园课程与教学的特质。第二，理解幼儿园环境的特殊性。让学生理解幼儿园内外环境之间的关系，懂得不同的环境对材料、器械、生态等方面的要求，尝试环境设计，练习环境布置，现场考察不同的环境及其内在要素对儿童发展的影响，初步学习通过环境和活动分析理解幼儿园教育质量的含义。第三，初步掌握幼儿园区域的规划和设计。让学生把握不同区域在功能上的互补性和空间上的免干扰性，理解如何通过每一个区域丰富的和有层次的材料，满足儿童的需要，真正把区域材料、儿童活动与经验发展联系起来，更好地理解区域在儿童发展中的特殊作用。第四，加深学生对社区在儿童发展中的作用的理解，懂得社区环境的调查、筛选和利用过程。

四、培养幼儿园对资源挖掘和利用的意识和能力

幼儿园课程游戏化第四项任务是完善课程资源。对于强调在相互作用过程中学习的幼儿园课程来说，课程资源是幼儿活动的基础，也是幼儿与外界相互作用的主要方式。课程资源的丰富性和多样性，一定程度上影响着幼儿获得经验的丰富性和多样性。因此要重视并加强课程资源建设，提升幼儿园对课程资源的敏感性。应全面落实国家关于图书、教具、玩具配备的基本要求，确保基本资源足量到位。同时，要加强幼儿园内外课程资源的开发和利用。尤其是要用足自然资源，给幼儿更多亲近自然的机会，让幼儿真正带着兴趣去探索、发现和感受自然事物和自然现象，增进科学经验，丰富对自然的情感。要考虑幼儿的发展需要，带领幼儿深入生活，在家长的支持下，共同挖掘本地的生活资源，从习俗、饮食、服饰、日常用品等多个方面收集课程资源，规划和组织相应的活动，使其获得相关的经验。课程资源的挖掘和利用应从幼儿的经验出发，从课程目标出发，注重资源的种类和数量，要在有效利用上下功夫，切实将课程资源优势转化为幼儿的经验优势。

要求教师拥有挖掘和利用课程资源的能力是学前教育专业的特殊要求，也是幼儿园课程特殊性的具体表现。在幼儿园教师的培养中，增加学生的资源敏感性是重要的课程目标，而资源敏感性有赖于学生对发展目标的清晰了解，资源的价

值就在于实现目标的可能性。在教师培养中应关注以下几个方面：第一，注重对儿童学习特点和资源意识的培养。要在不同领域的教育尤其是儿童学习理论等课程中，让学生明白儿童发展的特点决定了儿童的学习就是与周围世界相互作用的过程，资源是儿童与周围世界相互作用不可或缺的要素，因此，资源丰富与否经常决定了儿童获得经验的程度。要通过多样化的实践考察和系统观察，让学生建立资源与儿童活动和经验之间的真正的联系。第二，要给予学生进行课程资源调查、分类、筛选的机会。资源调查需要实践锻炼，要让学生尝试制作调查表，进行实地调研，大量的资源只有经过分类和筛选才能有效地加以利用。要让学生尝试利用现代互联网技术，全面挖掘自然、社会、文化和科技方面的资源，采用现代化手段进行资源调查、分析和管理。第三，要通过见习、实习等实践教学机会，让学生尝试利用各类资源，在实践中理解资源转化为幼儿经验的过程，并通过分析，深入领会资源的教育价值。

五、增强学生的课程建设能力

课程游戏化项目的第五项任务是提升课程建设的能力。课程建设能力是综合的幼儿园教师专业能力，是决定一个幼儿园课程建设水平的关键性因素。其中包括了幼儿园教师对儿童行为的观察与分析能力，教育活动计划、设计与组织能力，资源规划与利用的能力，环境创设与利用的能力，反思与评价的能力等等。这些能力是幼儿园教师的“看家”本领，也是幼儿园教师区别于其他教育阶段教师的关键能力。幼儿园教师只有真正具备这些能力，才真正具有专业性。这些专业能力是相互支撑的，在实践中成为一个有机的整体。每一项能力的获得都需要专门的知识做基础，也需要专业态度和情感做支撑，更需要在实践中不断地尝试和锤炼。

因此，幼儿园课程建设能力的获得需要精心的培养和培训，师范院校在对幼儿园教师的培养中，要把课程建设能力放在首位。课程建设能力的培养需要关注以下几个方面：第一，课程建设能力中的各种能力都很重要，对课程建设具有独特的作用，缺一不可。在师范院校课程计划中要全面兼顾、切实提升学生各种专业能力。同时，要在实践教学中，创造机会，让学生的各种能力相互联系并综合发挥作用，只有综合运用了这些专业能力，才能真正拥有课程建设能力。第二，要注重师范院校实践条件建设，让学生在实践中不断训练和发挥各种能力，以便让学生真正在尝试、体验和反思的过程中，理解和掌握各种基本的专业能力。尤其是要加强对学生的实践指导，关注学生的难点，真正让学生记得住、理解透并做出来。第三，要改革教学实习，教学实习不只是关注个别的生活环节，不只是关注几节课，要关注特定年龄段的整个课程，关注课程的基本架构和建设进程，要让学生参与班级教师的课程建设过程，甚至要关注年级段的课程建设状况，参与课程审议，能对课程的状况发表意见，贡献智慧，变教学实习为课程教学实习。

第二部分
课程资源与教学改革

美国学前教师教育本科项目专业课程内容体系的比较研究

——以四所高校为例

刘　颖

幼儿园教师的质量是影响幼儿园教育质量的核心要素。很多国家和地区在加强教师队伍建设时，都会将幼儿园教师学历准入门槛的提升作为重要的政策工具。美国国家研究委员会（National Research Council）在《渴望学习》中就建议，每个孩子都应拥有一名具有儿童早期保育和教育学士学位的老师。各州的幼儿班（Pre-kindergarten，缩写为 Pre-K）项目也普遍认为，幼儿园教师的高素质意味着教师要拥有学士学位①。美国国家科学院出版的《改革 0—8 岁幼儿教师队伍：建立统一的基础》一书建议，至少要将幼儿园主班教师的学历提高到本科水平②。但是，实证研究却并未发现在幼儿园教师学历水平与托幼机构质量以及儿

① MAXWELL K, LIM C I, EARLY D M. Early childhood teacher preparation programs in the United States: National report[R]. Chapel Hill, NC: FPG Child Development Institute, University of North Carolina, 2006.

② National Research Council. Transforming the workforce for children birth through age 8: a unifying foundation[M]. Washington, DC: National Academies Press, 2015: 6.

童发展结果之间的稳定关系③④，有一些元分析的研究发现，教师的学历状态与儿童发展的关联非常微弱⑤，还有一些研究发现高等教育项目的特征及教师的后续表现之间的关联并不紧密，更不用说对儿童及其家庭发展的影响⑥。对此，有学者认为，原因在于学历教育中的课程内容设置及课程质量未纳入研究考察的范畴，而当前很多高校的学前教育专业课程并未有效地培养人才⑦。加强幼儿园教师队伍建设，不仅要关注教师学历水平的提高，更要关注人才培养的灵魂——学前教育专业课程建设的质量。高校学前教育专业正是通过核心课程、实践经验以及其他类型的学习活动为未来的幼儿教师提供坚实的知识和能力基础的。因此，研究学前教师教育的课程是理解学前教师职前培养质量的必要环节。

学前教师教育课程的设置不仅要关注学生的兴趣和需要，回应一定时期社会发展的要求，也要把握教师专业发展的规律，充分考虑学前教育发展的规律及其对幼儿园教师的素质要求。为更好地理解学前教育人才培养的规律，本文选择了美国4所开设学前教育本科专业知名高校的学前教师教育的课程介绍，同时结合美国加州大学伯克利分校的儿童保育就业研究中心（Center for the Study of Child Care Employment）对美国多个州学前教师教育项目的调查报告，来考察美国本科学前教师教育项目的课程内容，以期为我国学前教师教育的本科课程改革提供一定的借鉴。这四所高校分别是普渡大学、佛罗里达大学、伊利诺伊大学香槟分校、华盛顿大学。美国研究者在考察各类学前教师教育

③ BLAU D M. The production of quality in child-care centers: another look[J]. Applied developmental science, 2000(4): 136－148.

④ BURCHINAL M R, ROBERTS J E, RIGGINS R, et al. Relating quality of center-based child care to early cognitive and language development longitudinally[J]. Child development, 2000, 71(2): 339－357.

⑤ MASHBURN A J, PIANTA R C, HAMRE B, et al. Pre-k program standards and gains in academic and language skills[J]. Child development, 2008, 79(3): 732－749.

⑥ PHILLIPS D, AUSTIN L J E, WHITEBOOK M. The early care and education workforce [J]. Future of children, 2016, 26(2): 139－158.

⑦ MAXWELL K L, FEILD C C, CLIFFORD R M. Defining and measuring professional development in early childhood research[M]//ZASLOW M J, MARTINEZ-BECK I. Critical issues in early childhood professional development. Baltimore, MD: Paul H. Brookes Publishing Co., Inc., 2006: 21－48.

课程时，往往聚焦于形成学生专业素养的专业课程。专业课程可以分为专业理论课程和实践类课程。因此，本研究着重探究这四所高校的学前教育专业课程。

一、紧扣标准的专业理论课程：提升学前教育师范生专业核心能力

美国儿童保育就业研究中心的 Whitebook 等人基于学前教师教育课程的已有研究和幼儿园教师教育课程标准，形成了对美国学前教师教育项目课程内容的清单（详见表 1）。我们借用此清单来理解美国学前教师教育专业课程的内容体系。

表 1　美国学前教师教育专业课程内容考察清单

领域	主题
儿童发展和学习	儿童不同领域的发展
	文化、性别、阶层和种族对发展的影响
	特殊能力对发展的影响
	儿童早期读写能力的发展
	儿童发展理论及其与教学的关系
	儿童科学理解的发展
教学	面向多元的学生教学：贫困儿童、双语儿童、有特殊需要儿童、展现出挑战性行为的儿童、来自多元种族和文化背景的儿童
	教学与课程：在教学中使用整合课程和游戏、支持社会性和身体发展艺术教学、读写教学、科学教学和社会学习
	在托幼机构中的教学能力：使用观察、评价和记录来支持教学；不同的教学策略；班级管理
早期教育管理与领导	督导与运行层面：与教师和其他专业人员建立联系；机构规划、发展和运作；引领实践者是课程和适宜的教学策略；开展评价和记录来提升机构质量；开展评价和记录来提升教与学；成人指导；支持成人学习的策略
	组织和系统关系：建立社区关系，熟悉家庭和儿童可以理解的社区资源；财务程序和管理；早期教育体系和公共政策；人力资源/人事政策；组织管理和改革；有效的倡导、政策分析和政策形成；财政拨款管理和申请写作

（一）儿童发展与学习：体现发展对象的普遍性、特殊性和文化多样性

很多研究者都指出，儿童发展的知识是学前教育教师工作的基础⑧⑨。“儿童发展与学习”领域也是上述考察框架中的重要内容。“儿童发展与学习”领域的具体课程内容能够全面支持 NAEYC（全美幼教协会）2019 年起草的《儿童早期教育者专业标准和能力》（*Professional Standards and Competencies for Early Childhood Educators*）中标准一“情境中的儿童学习与发展”期待的儿童早期教育者专业素养的培养。标准一强调要理解 0～8 岁儿童各领域（如身体运动、认知、社会、情绪情感和语言）发展的规律和特点；理解和珍视每个儿童作为个体所拥有的独特的主体性、长处、兴趣、挑战、学习方式、经验和能力；理解儿童是在多元情境中（例如家庭、文化、语言、社区以及更广泛的社会不公平的结构背景下）发展和学习的，利用上述多领域的儿童发展知识来做出基于证据的决定，从而支持每个儿童⑩。

从美国纽约州、新泽西州、加利福尼亚州、内布拉斯加州、印第安纳州、俄勒冈州、罗得岛州、新罕布什尔州、华盛顿州等州的各高校学前教师教育课程设置来看，几乎所有项目都提供了“儿童发展与学习”领域的课程内容，并且所提供的课程内容覆盖了清单中该领域一项中所提及的几乎所有主题⑪。以俄勒冈州的 11 个本科学士学位项目为例，仅在儿童的读写能力发展和儿童科学理解发展的主题上覆盖率为 91%，在其他儿童发展的相关主题上，课程内容所有项目都覆盖。

而在本研究所考察的四所高校的学前教育专业课程中，儿童发展都是课程体系中重要的组成部分。这些高校的儿童发展课程内容丰富，一般会开设 3～4 门

---

⑧ RUSHTON S, LARKIN E. Shaping the learning environment: connecting developmentally appropriate practices to brain research[J]. Early childhood education journal, 2001, 29(1): 25 - 33.

⑨ STOTT F, BOWMAN B. Child development knowledge: a slippery base for practice[J]. Early childhood research quarterly, 1996, 11(2): 169 - 183.

⑩ National Association for the Education of Young Children. Professional standards and competencies for early childhood educators[EB/OL]. [2020 - 06 - 02]. https://www.naeyc.org/sites/default/files/globally-shared/downloads/PDFs/resources/position-statements/professional_standards_and_competencies_for_early_childhood_educators.pdf.

⑪ WHITEBOOK M. Building a skilled teacher workforce: shared and divergent challenges in early care and education and in grades K - 12[R]. California: Center for the Study of Child Care Employment, 2014.

直接相关的课程，这些课程自成体系（详见表 2），学分要求在 10 分左右。一般而言，关注发展全过程的人类发展课程是首先提供的，此类课程往往在进入专业学习之初就先行完成，然后学生才进一步学习聚焦于教育对象的婴儿和幼儿期的发展课程。同时，很多高校在此之外还会专门提供关于特殊需要儿童、处境不利儿童的心理发展的课程，也有一部分高校会针对幼儿某一领域的发展和学习专门开设课程，如佛罗里达大学在儿童语言获得方面开设了专门的课程。

表 2　四所大学开设的与“儿童发展与学习”领域直接相关的课程

大学	课程	内容
普渡大学	人类发展导论	介绍了个体从受精卵到成年、老年的发展过程。
	儿童发展	从婴儿到童年期的发展，包括儿童身体、认知、语言、社会和情感发展的过程。在历史和当代理论的框架下以及最新研究的支持下讨论儿童的发展。此外，还会考虑到世界各地儿童发展的状况。
	有特殊需要的幼儿	综合性地介绍了 0～8 岁处境不利或被确认为有特殊需要儿童的学习特征和服务模式。学生从课程中理解特殊需要儿童，了解与特殊群体相关的法律以及教育者为有特殊需要的学生提供的服务。
佛罗里达大学	人类成长和发展/发展心理学（3）	人类从受精卵到死亡的成长发展的生命全过程。学生有机会在教育机构中应用所学的基本原则。从胎儿期到成年的心理发展的理论与研究。
	年幼儿童（3）	研究婴儿和儿童早期的成长和发展，包括在学前班和托儿学校的观察和参与。
	语言获得（3）	儿童语言发展和使用。研究儿童从出生到 8 岁的口头语言发展。
伊利诺伊大学香槟分校	儿童发展与技术（3）	儿童发展的理论为当前针对学前儿童的现代技术的分析提供了支持。课程将探讨和童年相关的议题。
	婴儿和儿童早期（4）	回顾人生头五年的发展，包括在认知、社会性、生理方面等。课程涵盖对幼儿的第一手观察，以支撑和拓展讲授资料。
	儿童语言与教育（3）	概述了当前有关儿童语言和交际能力习得的知识，并考虑了这一发展过程的教育意义。
华盛顿大学	儿童发展（5）	利用阅读、讨论、自然观察和“虚拟”儿童来理解儿童在幼儿时期的不同发展方式，理解包括身体、认知、社会情感、语言和读写能力以及学习品质等在内的各个领域与环境之间的相互作用，以及关于这些变化背后发展机制的理论。
	婴儿和幼儿：处境不利和心理弹性（5）	课程利用婴儿心理健康框架，提供了婴儿和幼儿发展的调查报告，包括产前和生产的因素以及社会环境的影响。课程包括了风险和保护性因素会如何影响幼儿社会情绪、身体和认知发展的背景知识。学生将有机会把基于关系的原则和方法整合到支持家庭、教师和照料者的实践当中。

（二）教学与课程：关注面向多元群体的教育与评价观察能力的获得

设计、组织实施教学与课程的能力也是幼儿园教师的重要专业能力。研究表明，专门针对课程设计的培训与传统的关于课程的培训相比，前者能够更为明显地提高职前教师选择教学目标的能力和设计教学的能力[⑫]。在 Whitebook 等人形成的学前教师教育课程清单中，“教学”领域包括了“面向多元的学生教学”“教学与课程”和“在托幼机构中的教学能力”三个部分，基本能够链接到 NAEYC 的《草案》中与“教学和课程”直接相关的标准四和标准五的内容。标准四中“采用发展适宜、文化适宜和语言适宜的教学方式”子维度[⑬]强调：理解师幼之间积极的、养育性的、支持性的关系和互动是儿童早期教师工作的基础；采用适宜于儿童早期的独特教学技巧和策略，同时根据儿童个体的需要（包括那些双语儿童和发展滞后或残疾的儿童）提供差别化的教学；使用具有发展适宜性、文化适宜性和语言相关性、反歧视和基于证据的、反映学习规律的、多元的教学策略；发展和维持具有反思性、回应性和有意识的教育实践。标准五“早期课程中的内容知识”强调：了解早期教育课程（例如，科学、数学、语言、社会科学等）中各学科的内容知识和资源（中心概念、方法、探索和应用工具以及结构）；了解教学内容知识（幼儿在各个学科中的学习方式）以及如何适宜地支持幼儿在各个内容领域的学习；在其教学实践中应用、扩展、整合和更新其学科知识、课程内容资源知识和教学内容知识[⑭]。

研究发现，美国大多数州的学前教师教育学士学位课程也将教学与课程作为重要的课程内容。以华盛顿州为例，在考察的项目中，超过 90%的项目在支持儿童的社会性发展、支持儿童读写能力发展、支持儿童社会学习、在课程中使用游戏、实施整合性课程、利用融合性的策略等方面提供了课程学习内容。其中，所有项目都涵盖了课程中使用游戏、支持儿童社会性发展、利用融合性的策略等课程内容，而艺术教育和支持拓展儿童身体动作发展的课程开设相对较少，有 82%的项目提供了相关的课程内容。在“面向多元群体教育”的维度，超过 90%的课程中都关涉到教育贫困儿童、具有挑战性行为的儿童以及有特殊需要的儿童，

---

⑫ KELTING-GIBSON L M. Comparison of curriculum development practices[J]. Educational research quarterly, 2005, 29(1): 26 - 36.

⑬ 同⑫：26 - 36.

⑭ 同⑫：26 - 36.

82%的项目课程考虑到针对遭受创伤学生的教育⑮。

从课程门类的名称来看，本研究所考察的四所大学都特别重视面向多元群体教育（详见表3）。多元的内涵是丰富的，包括了种族、能力、家庭经济、社会阶层、语言等多个方面。另外，“在课程中使用游戏”和“使用综合课程”等内容一般纳入综合性的早期教育课程，如“儿童早期教育实践”并未单独设课，分领域的教学尤其是读写、数学、科学和社会的课程往往单独提供。与美国各州普遍调查情况类似，相对而言，学前儿童艺术和身体运动教育等方面的单设课程较少。

此外从托幼机构中教学的策略来看，“观察和评价”是这四所学校最为重视的课程内容，基本都对此内容单独设课。观察和评价是学前教师的核心能力，是他们在真实的教育情境中理解儿童学习和发展水平、兴趣、优势、需要等的关键方法。这些大学的评价课程不仅期望学生理解和掌握如何对儿童（包括特殊需要儿童）进行评价，而且要掌握如何利用评价结果与儿童家长、同事分享信息，如何利用评价结果改进课程和教学，如何利用评价数据来改善托幼机构的表现。研究者发现，在173个美国学前教师教育项目中，超过60%的项目提供了完整的课程来提高教师的观察和评价的能力⑯。

表3　四所大学开设的与“教学与课程”领域直接相关的课程

项目	面向多元群体教育	教学与课程	在托幼机构中教学
普渡大学	特殊儿童的心理、教育、医疗和身体发展 有特殊需要的儿童/全纳教室 非典型发展的课程应用 全纳性早期教育的教育实践	儿童早期指导 早期教育的模式 婴儿和学步儿的课程建设的基础 幼儿园和小学的语言、读写和社会学习 小学读写 幼儿园和小学的数学、幼儿园和小学的科学 幼儿园和小学的音乐与运动 小学教师的艺术	班级评价

⑮ COPEMAN P A, MONTOYA E, AUSTIN L J E, et al. Teaching the teachers of our youngest children: the state of early childhood higher education in Washington[R]. California: Center for the Study of Child Care Employment, 2018.

⑯ BUETTNER C K, HUR E H, JEON L, et al. What are we teaching the teachers? child development curricula in US higher education[J]. Child & youth care forum, 2015, 45(1): 1-21.

续表

项目	面向多元群体教育	教学与课程	在托幼机构中教学
佛罗里达大学	教育多元人群（批判性追踪） 特殊教育导论 儿童早期特殊教育的家长参与 儿童早期特殊教育的评价 儿童早期特殊教育的多元文化议题 为有特殊需要的婴儿和学部提供的教育方案 多种特殊需要的儿童和青少年早期特殊教育课程 早期教育中多元学习者的语言艺术	儿童早期教育实践 1、2 儿童早期的数学和科学教育 读写萌芽和阅读教学 儿童早期科学和社会学习 儿童早期社会能力	教育测量和评价导论
伊利诺伊大学香槟分校	语言多样性、文化和学习 有特殊需要的儿童的教育实践 儿童早期和小学的教育实践 教育中的身份和差异以及社会公平、学校与社会 儿童早期特殊教育的评价 儿童早期特殊教育导论 儿童早期特殊教育课程与方法	儿童早期教育的基础 婴儿与早期教育 儿童早期教育的原则和实践 儿童早期教育的数学 社会和科学研究 儿童早期教育中的语言读写 1、2 儿童语言与教育 儿童早期的音乐方法 儿童早期的艺术	儿童早期特殊教育的评价
华盛顿大学	特殊儿童	教学从内而外：成为一名有抗逆力的教育者 不断变化世界中的教与学：来自研究和经验的启示 儿童早期课程 幼儿园的语言和读写 幼儿的数学和科学 小学教师的数学	儿童早期积极行为支持 参与式互动和环境 儿童观察和评价

（三）家园社区协作：注重建立关系，共同促进儿童的发展

早期的教师还需要具有和家庭以及社区进行良好沟通的知识和能力，以支持性的关系促进儿童的发展。研究者认为，考虑到当下家庭在种族、文化、社会经济地位等方面越来越多元的情况，教师就更需要去理解儿童的家庭背景，也更需要具备一定的能力去鼓励家庭参与到儿童的学习当中，为建立起支持性的伙伴关系做好准备⑰。很多研究都发现家长卷入学前教育的程度与水平，与儿童后继的

⑰ 同⑯：1－21.

学业成绩和社会性情感能力的获得是有关的[18]。NAEYC 的《草案》标准二，即“建立与家庭和社区的关系”中就强调：学前教师要了解、理解和珍视家庭的多样性；要通过和幼儿家庭建立尊重性的、互利互惠的关系以及鼓励家长卷入，与家庭一起为儿童的发展和学习努力；要利用社区资源来支持幼儿和家庭，在早期学习机构、学校和社区组织机构之间建立起关系。课程清单中不仅在“面向多元的学生教学”部分关注了多元儿童的家庭背景，在“早期教育管理和领导”部分也强调了与机构之外的社区组织建立联系、熟悉社区资源的课程内容。

与国内高校往往只在“学前教育学”这一门课程的一个章节涉及家园合作的内容相比，研究考察的这四所学校则至少开设了一门与家庭相关的课程（详见表 4）。课程内容注重理论与实践相结合，既关注立场问题，也不忽视从教育立场出发的实践策略，从学习家庭过程理论，到理解家长多元化背景、如何支持家长参与等实践问题均有涉及。一些课程还从家庭当中延伸出去，考虑如何利用社区资源、建立与社区之间的联系。特别突出的是，在“家园社区合作”协作部分的内容中，也强调了对多元化的了解、理解和珍视，这与儿童发展、教学与课程等相关内容一脉相承。

表 4　四所大学开设的与家庭领域相关的课程

大学	课程	内容
普渡大学	家庭过程导论	课程注重研究家庭背景下的人际过程。强调家庭动力学以及家庭过程和更广泛的社会环境之间的关系。介绍家庭研究的基本要素。
	个体和家庭生活的多样性	介绍多元文化，尤其是美国种族多元背景下的个体和家庭生活。主导和多元文化的关系本质会得到讨论。整个课程都会强调多元化家庭对教育的影响。
佛罗里达大学	儿童早期特殊教育的家长参与	教授与残疾幼儿家庭合作的专业技能，包括理解家庭系统理论、评估家庭力量和需求、制定个人家庭支持计划（IFSP）或个别教育计划（IEP），以及提高沟通和咨询技能。了解来自不同文化的家庭。
伊利诺伊大学香槟分校	家庭、社区和学校	介绍学前教育专业人员在多元社会中建立与家庭、社区机构和学校之间的伙伴关系的原则和做法。介绍面向所有儿童及其家庭，包括有特殊需要的儿童，有文化和语言差异，来自非传统家庭结构，面临贫困、健康问题或家庭功能障碍的家庭，建立理解、信任和有效沟通的战略。

---

⑱ ARNOLD D H，ZELJO A，DOCTOROFF G L，et al. Parent involvement in preschool: predictors and the relation of involvement to preliteracy development[J]. School psychology review, 2008，37(1)：74.

续表

大学	课程	内容
华盛顿大学	儿童早期和家庭研究导论	本课程帮助幼儿专业人士了解和发展成为积极、变革型领导者所必需的个人和关系技能。该课程涵盖了幼儿时期与专业精神相关的关键概念、道德、行为和能力，并鼓励学生探索自己作为该领域领导者和专业人士的身份。学生们研究与来自不同文化和语言背景的幼儿和家庭建立牢固关系所必需的文化能力。他们还研究该领域的历史以及当代问题和趋势。
	家庭和社区对幼儿的影响	这门课程调查了从事幼儿家庭工作的专业人员面临的问题，重点放在特殊需要和语言、文化和社会经济多样性上。学生们研究如何通过家庭参与来最好地支持发展中的孩子的跨学科原则。重点是形成策略将家庭和社区价值观纳入教学实践，并利用循证方法与家庭沟通，让家庭参与儿童早期学习的各个方面。
	社会政策与幼儿及家庭	本课程旨在加深学生对影响家庭和幼儿的当代社会问题和政策的理解，它强调与贫困和教育劣势有关的问题。本课程从地方、国家和全球的角度探讨社会问题。

二、系统设计的实践类课程：提高实践课程的有效性

学前教育是一门实践性极强的学科，专业理论学习必须与实践探索、体验和反思、改进紧密结合，才能帮助师范生获得必备的专业素养。2010 年，美国国家教师教育认证委员会召集的专家小组认为，与医学生的实习经历一样，未来的教师需要多种多样的课堂经验，特别呼吁将实践（包括指导个别学生、与小组学生一起工作和系统实习等实践经验）作为教师准备的核心内容。该专家小组发布了加强基于实践的教师培养报告，并明确提出了 10 项基本原则，其中包括将实践经验需要动态贯穿于教师教育的每一个方面，严格地为实习生挑选指导教师和监督教师，选择特定的实习场地并提供经费，以便让学生获得真实多样的课堂体验等等⑲。

Whitebook 等人特别强调了实习不同于见习，不仅仅是进入实践场域中观察，更需要实践操作。他们还区分了两种不同类型的实践经验：实习（student teaching）是指全职承担实习工作，全天候地进入教室当中，不断提升课程规划

⑲ National Council for Accreditation of Teacher Education. Transforming teacher education through clinical practice: a national strategy to prepare effective teachers[R]. Washington DC: National Council for Accreditation of Teacher Education, 2010.

和教学的责任，有合作教师提供指导；实习课（practicum）是指较短时间的实践经历，通常与一门课程相关，聚焦于一个特殊能力或一个特殊儿童群体，由高校教师或导师提供指导。美国一些州的学前教师教育项目的本科和硕士项目与州K－12的师资标准相联系，而K－12阶段的教师往往需要将实习经验作为入职的基本要求。因此，此类本科和硕士项目一般要求至少一次的长期实习，此外还要有一次短期的、与课程相联系的实习课。本研究所考察的这四所高校的学前教师教育课程中均有至少一次的实习要求。一般而言，安排两次及以上实习机会的高校能保证实践经验的多样性，多次实习所面向的教育对象、教育机构会存在一定的差异。伊利诺伊大学香槟分校要求学生要完成在托幼机构、小学以及面向特殊儿童教育机构的教育实习。华盛顿大学要求学生在三年级时要在服务于低收入、高需求的托幼机构、学前班或者一年级实习，实习要求每周至少3～5个小时，而那些希望毕业后从教的学生还需要在四年级时选择在反映其专业兴趣的机构（通常是早期学习机构）当中实习，每周至少2～4个小时，即使在前两个学年的学习中，也会根据学生的课程学习内容（例如环境创设等）安排短期的见习或实习。

三、讨论与启示

对美国学前教师教育课程管中窥豹式地探究，让我们看到了美国本科高校的学前教师教育课程深刻地扎根于美国本土的社会文化背景，及时地回应着不断变迁的社会发展需要，同时努力提供基于科学研究、符合学前教育人才培养规律的课程内容。比较研究的目的不在于盲目移植他域的经验，但比较研究能够让我们觉知到“熟悉中的陌生”，给我们的课程建设提供新的思路。

（一）建设儿童发展与学习相关的课程群

儿童发展的理论为照料者提供了理解和期待儿童发展特点的方法，是帮助他们认识和评价儿童发展的有力工具，能够让照料者基于儿童社会性、情绪情感和认知成熟度与儿童互动，为儿童提供具有发展适宜性的课程和学习活动。儿童发展的知识是早期教育工作者初始和持续的专业发展的核心领域之一，儿童发展水平在教师提供的适宜刺激下得到促进。研究发现，那些在儿童发展领域接受了更多培训的教师能够为学前儿童提供更好的学习资料和活动，提供适宜的语言和认知的刺激，同时在敏感性和回应性上的得分更高[20][21]。目前而言，我国高校的学前教育专业课程普遍存在的问题包括：只开设一门儿童发展的课程，学时数较少，在有效的学习时间内，学生难以准确把握幼儿身心发展的特点和规律，难以真正理解儿童发展的个体差异性以及理解儿童是在多元情境中发展和学习的；课程未专门针对学龄前儿童的学习、发展和教育进行调整，往往只泛泛地介绍儿童（0～18岁）发展的理论知识，对未来学前教师将要面对的教育对象缺少专门化、细致的介绍和研究，对发展的理论和研究如何应用到我国的学前教育实践缺少考量；课程内容相对陈旧，存在着与发展科学、学习科学最新研究脱节的现象。参照美国学前教师教育学士项目的经验，我们应该进一步丰富和细化有关儿童发展和学习的课程，形成儿童发展和学习的课程群，及时更新课程内容，课程要突出婴儿期、学前期儿童心理发展知识，突出发展的个体差异和情境性，强化儿童发展与学习知识应用的内容。

（二）提供具有多元融合特点的课程

多元融合是美国学前教师教育课程体系的突出特点，很好地回应了美国社会文化多元的特点，为学前教师真正掌握为每个儿童提供个体适宜和文化适宜的教育奠定了基础。一直以来，多元融合的问题并未在我国学前教师教育课程体系中得到重视，课程内容一般面向的是普遍的、一般的教育对象，运用的是普遍的、一般的规律。然而随着社会文化背景的变迁和入园机会的基本满足，我们应该考虑提供更适宜的学前教育。更适宜的教育就必须考虑教育对象的多样性。当前，随着特殊儿童进入普通幼儿园随班就读数量的增加，幼儿园提供全纳教育却缺少相应的师资。因此，当前尤其需要将学前特殊儿童教育的课程纳入到学前教师教育的课程体系当中。同时，如 Whitebook 等人提出的课程清单启示我们，多元化的

---

⑳ RAIKES H A, RAIKES H H, WILCOX B. Regulation, subsidy receipt and provider characteristics: what predicts quality in child care homes? [J]. Early childhood research quarterly, 2005, 20(2): 164－184.

㉑ MCWAYNE C, HAMPTON V, FANTUZZO J, et al. A multivariate examination of parent involvement and the social and academic competencies of urban kindergarten children[J]. Psychology in the schools, 2004, 41(3): 363－377.

内涵是丰富的，我们需要充分考虑贫困儿童、展现出挑战性行为的儿童、少数民族儿童等来自不同的背景的儿童的需要，为他们的发展提供更适宜的课程和教学内容。

（三）增加家园社区合作的相关课程

幼儿园与家庭、社区建立积极的双向关系，形成合力，能为幼儿的发展提供良好的中间系统。教师不仅对幼儿而言是重要的，对他们的家庭而言同样重要。然而，并非仅凭良好的愿望就能增进家长的卷入。在实践中，大多数新手教师由于缺少学习与家庭和社区沟通、建立关系等方面的知识，职后的培训中家园社区工作的内容也相对被忽视，因此在进入托幼机构以后，缺乏应对家园社区工作的信心和能力。这是影响家长参与有效性的重要原因。相较而言，美国学前教师教育课程开设了专门的理论和实践课程，为未来的教师储备了相应的知识和能力，以真正做到尊重和珍视儿童的家庭文化背景，实现与家庭和社区的双向积极互动。因此，加强对家园社区合作的研究，适当增加基于研究的职前课程内容，是提高未来幼儿园教师家园社区合作能力的重要途径。

（四）全面提升实践教学的地位和实效

正如陈鹤琴先生所言，“实习是专业训练上必不可少的一门功课”。对学前教育专业的学生而言，实习实践是他们提升专业能力、巩固专业知识的重要途径。学生们进入到教育现场，观察真实的幼儿学习和生活的场景，体会班级管理和教育的艺术，尝试将理论运用到实践当中，并逐步生成属于自己的教育智慧。实习实践也是师范生形成专业认同、职业理想的重要阶段，良好的实习实践经验促使实习生建立起终身从事幼教事业的理想信念。但是，当前很多高校的学前教育实习实践仍然不同程度地存在着“走马观花”“例行公事”等诸多问题，实习课程零散、安排随意，实践教学的有效性并不能得到保证。美国学前教师教育课程设计给我们如下启示：首先，我们要将实践教学摆在人才培养的重要位置，根据人才培养的规律，将实习实践的经历和要求贯穿于本科四年培养的全过程当中，系统规划每个阶段实习实践的内容和要求，将短期的实习实践内容与理论课程学习紧密结合；其次，要从教育对象的多样性、机构性质的差异性等角度，合理地为学生安排实习基地，尽可能保证学生在多样化的实习场地中获得专业成长的机会。

基于毕业要求的课程质量改进实践研究

——以“幼儿园课程”为例

原晋霞

2017年10月，教育部印发了《普通高等学校师范类专业认证实施办法（暂行）》的通知，南京师范大学学前教育系（以下简称“我系”）立即组织全系教师多次学习，充分领会专业认证的指导思想、核心理念及具体要求，并积极行动起来，根据教育部学前教育专业认证第三级认证标准的各项要求，进行自我评价与改进。首先，最核心的工作之一是基于三级认证毕业要求，同时结合我系学前教育专业历史传统、专业定位和发展愿景，明确了南师大学前教育专业本科毕业要求；其次，每位教师将自己所承担课程的教学目标与毕业要求进行一一对标，重新发现和调整各门课程的教学目标，以确保毕业要求可以依托各门课程的教学目标落实到学前教育师范生培养的教学实践中；最后，基于调整后的教学目标，针对教学内容、教学过程以及评价进行全方面的系统调整与质量改进。本文将以“幼儿园课程”为例，分享专业认证带来的基于毕业要求的课程质量改进措施。

一、教学目标优化

（一）明确了本专业的毕业要求

我系对照教育部师范类专业认证学前教育三级认证毕业要求，结合我系六十多年来的本科人才培养经验及学前教育事业发展的需要等，经过全系教师多次审议，确定了本专业的毕业要求 13 条（详见表 1）。

表 1　幼儿园教师专业标准及教育部三级认证毕业要求与本专业毕业要求的对应关系

幼儿园教师专业标准	教育部三级认证毕业要求	本专业毕业要求
践行师德	2.1　师德规范	1. 师德规范和教育情怀
	2.2　教育情怀	
学会教学	2.3　保教知识	2. 基础素养
		3. 专业知识
	2.4　保教能力	4. 保育能力
		5. 环境创设能力
		6. 游戏支持与指导能力
		7. 规划和实施教育活动能力
		8. 观察评价能力
学会育人	2.5　班级管理	9. 班级管理
	2.6　综合育人	10. 育人能力
学会发展	2.7　自主学习	11. 反思与持续学习能力
	2.9　反思研究	
	2.8　国际视野	12. 国际视野
	2.10　交流合作	13. 沟通与合作能力

由上表可见，基于教育部三级认证毕业要求，我系进一步细化和明确了保教能力的内容，将保教能力具体分为保育能力、环境创设能力、游戏支持与指导能力、规划和实施教育活动能力以及观察评价能力五项。

（二）对标分析每门课程的教学目标

在明确了本专业的毕业要求后，我系教师继续讨论了每门课程与毕业要求的关系，最终达成一致意见：第一，本专业的课程体系必须能支撑所有的毕业要求；第二，每门课程对毕业要求的支撑可以有所侧重，但都应尽可能挖掘其对于毕业要求的贡献；第三，根据贡献大小，每门课程与每条毕业要求的关系可分为高支撑、中支撑、低支撑和零支撑四种。

于是，每位教师都基于本专业 13 条毕业要求，重新梳理并挖掘了各门课程与毕业要求的关系。

以我系“幼儿园课程”为例，该课程的教学目标有如下 6 条：

1. 树立恰当的幼儿园课程观，理解幼儿园课程的内涵与特征。

2. 了解幼儿园课程编制的基本原理，尝试初步进行幼儿园整体课程设计。

3. 了解国内外经典的幼儿园课程方案，并能根据幼儿园课程编制的基本原理剖析经典课程模式的特征。

4. 了解幼儿园教育活动设计的类型和设计方法，至少学会设计一种教育活动。

5. 树立科学的课程实施观，领会幼儿园课程实施应遵循的基本原则。

6. 具有根据特定目的选择、改编和设计评价工具的能力。

通过分析发现，这 6 条教学目标可支撑 13 条毕业要求中的 11 条要求，对应内容详见表 2：

表 2　“幼儿园课程”的教学目标与本专业毕业要求的支撑关系

毕业要求	指标点	指标点在“幼儿园课程”中的落实	对应的教学目标
师德规范和教育情怀	爱儿童，认同早期发展对于儿童终身发展的奠基意义。	爱儿童，从儿童终身发展的角度进行幼儿园课程的设计、实施与评价。	教学目标 1～6
	了解与儿童权利和学前教育有关的法律法规。	了解《儿童权利公约》《幼儿园工作规程》等与幼儿园课程相关的法律法规。	
	坚守儿童教育工作岗位，与时俱进，以先进理念引领教育实践。具有儿童本位立场，以积极的眼光看待儿童的发展，积极发挥主导作用，为儿童营造健康成长的环境。	以先进的理念引领幼儿园课程编制。具有儿童本位立场，提倡儿童主动活动，将为儿童营造健康成长的环境作为教师的重要职责。	
基础素养	能理解不同学科领域中的核心素养，对人类文化发展保持关注，持续通过学习提升自己的素养。	巩固五大领域中每一领域的核心素养。	教学目标 2、4
	将人文、科学、艺术课程中形成的领域核心素养，用于理解、欣赏幼儿期与这些素养相关的萌芽表现，发现儿童天性中表现出的多方面潜力。	能够发现儿童行为中表现出的五大领域的学习和发展迹象。	

续表

毕业要求	指标点	指标点在“幼儿园课程”中的落实	对应的教学目标
基础素养	能透彻理解发展心理学中关于各领域核心素养的发展历程及文化对发展的影响的理论，形成解读儿童表现的专业视角，在实践场景中能辨识出儿童在这些领域的主动探索及进步的相关表现。	巩固儿童各领域核心素养的发展历程及影响因素，能在实践中辨识儿童的学习与发展。	教学目标 2、4
专业知识	能理解儿童发展心理学中关于儿童生理、认知、情感与社会性等发展的基本规律和特点。		教学目标 2、4、5、6
	能把握指向核心素养培养的儿童健康、语言、社会、科学和艺术五大领域的学习与发展规律。		
	能理解教与学的相关理论，掌握促进儿童在五大领域整体性综合发展的指导方法和策略。	掌握幼儿园课程编制的基本原理。	
保育能力	科学照顾幼儿日常生活，熟悉班级常规保育和卫生工作，能开展生活中的健康教育。	将生活活动视为幼儿园课程的重要组成部分，充分挖掘生活活动的教育价值，学习从课程的角度组织生活活动的策略。	教学目标 2、4、5
环境创设能力	合理利用资源，为幼儿提供和制作适合的玩教具和学习材料，引发和支持幼儿的主动活动。	掌握课程资源开发利用的步骤、方法和策略，能为儿童的全面发展提供丰富适宜的材料，引发和支持幼儿的主动活动。	教学目标 2、4、5
游戏支持与指导能力	基于幼儿兴趣，能够利用设计游戏活动空间，提供丰富的游戏材料，支持、引发和促进幼儿的游戏。	游戏是幼儿园教育的基本活动。掌握基于幼儿的兴趣，支持、引发和促进幼儿游戏的能力。	教学目标 2、4、5
规划和实施教育活动能力	基于幼儿园教育目标，设计符合幼儿学习特点的教育活动计划，并组织实施。	掌握基于幼儿园教育目标，设计与组织幼儿园整体课程和主题活动、区域活动的能力。	教学目标 2、4
观察评价能力	关注幼儿日常表现，有效运用多种方式客观地评价幼儿。	了解多种评价工具，理解幼儿园课程评价的基本理念，具备根据特定目的选择、改编和设计评价工具的能力。	教学目标 6

续表

毕业要求	指标点	指标点在“幼儿园课程”中的落实	对应的教学目标
反思与持续学习能力	能够用多种手段真实地记录实践过程，具有问题意识，能独立思考，有效利用学习资源，加深关于儿童观、学习观、教育观的理解。	阅读推荐书目，针对阅读内容提出十个问题，并通过进一步扩展阅读和小组讨论回答各自提出的问题。在课程编制实操过程中，对课程方案不断设计、不断反思、不断改进。	教学目标 2～5
国际视野	能主动地阅读英文文献，积极主动参加各类国际性学术活动。	广泛了解中外经典幼儿园课程模式，能根据需要查找外文资料，拓宽对中外经典幼儿园课程模式的理解。	教学目标 3
沟通与合作能力	能有效地与幼儿沟通，能主动积极地与老师、同学研讨交流	与小组成员合作完成课程设计的任务，不少于五次上讲台交流小组作业，并与班级同学和老师进行对话沟通。	教学目标 2、3

其中，本门课程高支撑的毕业要求为：专业知识、规划和实施教育活动能力；中支撑的毕业要求为：师德规范和教育情怀、保育能力、环境创设能力、游戏支持与指导能力、反思与持续学习能力、沟通与合作能力；低支撑的毕业要求为：基础素养、观察评价能力和国际视野。

二、教学内容与过程优化

（一）教学内容顺序优化

在当前“幼儿园课程”的诸多高校教材中，都有四个模块的内容，依次为：幼儿园课程概述、幼儿园课程编制原理、不同内容组织类型的教育活动设计和中外经典学前教育课程模式。如以知识传授为主要目标，这样的内容顺序十分合适。

但基于《教师教育课程标准（试行）》中“实践取向”的基本理念、专业认证要求的“产出导向”理念，以及本课程的高支撑毕业要求中“规划和实施教育活动能力”的要求，本门课程虽然强调培养学生进行幼儿园课程设计的能力，但是能力的发展不是来源于教师讲授，它必须在亲自解决问题的实践过程中才能得到发展。因此，本着以提高学生的课程设计能力为主要目标，教师调整了课程内容模块的教学顺序，将中外经典学前教育课程模式提前到第二个内容模块进行。调整的理由是希望学生在设计课程之前，先有对课程设计成品的完整感知与欣赏，然后再进入第三内容模块，分要素学习如何设计课程。

（二）教学过程优化

“幼儿园课程”的中支撑毕业要求为：师德规范和教育情怀、保育能力、环境创设能力、游戏支持与指导能力、反思与持续学习能力、沟通与合作能力；低支撑的毕业要求为：基础素养、观察评价能力和国际视野。为了实现高支撑毕业要求，兼顾中低支撑的毕业要求，本门课程的教学过程做了如下调整：

1. 拟真任务驱动，让学生变“要我学”为“我要学”

学生课程设计能力只有在课程设计的过程中才能得到提升。因此，在“幼儿园课程”的教学过程中，教师一直以来都注重给予学生亲自设计课程的机会和任务。经过专业认证后，在依然要求学生亲自设计课程外，教师提升了任务的真实程度，从之前为毫无限制的假想园设计课程的任务，调整为为某一类幼儿设计课程，例如为留守幼儿、流动幼儿、农村幼儿、城市中产阶层家庭子女或城市富裕家庭子女等设计课程。

任务要求的改变，使学生从毫无依据地、天马行空地设计假想的课程，到必须根据现实的许多限制及期待，来设置合情、合理、有据的课程，增加了挑战性。学生需要通过文献阅读，观看电影、纪录片及其他视频，访问相关人员等了解目标幼儿的身心发展现状、生活状况及家庭对孩子的期待等，设计有针对性的课程。在这一过程中，学生持续学习的能力、沟通能力、师德规范和教育情怀等均得到了发展。

2. 问题驱动，让阅读思考变得更加积极主动

为了培养学生提出问题的能力、鉴别文献的能力和批判性思维，在学习中外经典学前教育课程模式时，教师改变了之前的以教师讲解剖析为主的教学方式，转变为以学生小组合作剖析与鉴赏课程模式为主的教学方式。具体要求如下：

（1）小组任选两种课程模式进行剖析。之所以确定两种课程模式，理由是一

方面学生学习时间有限，必须精选课程模式进行深度剖析，才能了解课程模式产生的背景、内部各要素之间的关系；另一方面，只选择一种课程模式进行剖析，无法让学生感受到课程模式的生态性和多样性。没有最好的课程，只有最适宜的课程。每种课程模式都有其产生的特定历史背景、社会状况、教育对象的发展现状，同时也受课程设计者的价值观、儿童观、教育观等诸多理念影响。

(2) 针对每种课程模式，每位学生至少提出三个困惑，对每个困惑的描述原则上不少于100字，内容需要包括困惑提出的背景及具体内容。对困惑进行具体描述，是为了避免学生出现为提问而提问的现象。例如，有同学提出："高瞻课程的理念是什么?""蒙台梭利感官教育的基本原则是什么?"这类问题通过阅读教材就能轻易找到答案，不需要学生进行深度思考。百字左右的困惑描述如其中一组的学生提出："我们知道，政府、社区以及教师一致同心，共同推动学前教育事业的发展是瑞吉欧教育体系的一大特色，已经成了独特的教育体系。而比较中国，目前'社区'这一主体对学前教育事业的作用似乎并不明显。那么瑞吉欧是怎样利用社区资源的呢?"

(3) 先进行小组互答，然后精选问题进行集体交流。

(4) 问题的解答以进一步阅读或观看相关视频等为主要手段。

(5) 在文稿中必须注明问题回答的资料来源。

例如学生作业片段：

【问题缘起】在阅读到意大利瑞吉欧的课程内容时，我产生了这样一个疑问：课程实施中，教师是凭借什么及时捕捉到可以支持幼儿的"项目"的？教师不做预先的设定，依据幼儿的需求生成课程，那教师是如何保证每天都能有来自幼儿、来自环境的课程内容的呢？没有固定"教材"和预先设计好的课程，应该如何开展活动呢？

课程实施

《儿童的一百种语言》第13章中非常形象感性地讨论了倾听教学法

通过这一章节我们可以了解到，瑞吉欧的教师帮助儿童在他们的所作所为、经历和体验中寻找意义，在那些并不一定是长期的方案教学活动中的**"平凡时刻"**中寻找意义。

许多来自瑞吉欧的著名的小册子或者故事的确涉及到长期的方案教学活动，比如"影子的故事"（shadow stories）、"雨中的城市"（the city in the rain）、"狮子的画像"（the portrait of a lion）等。但长期的方案教学活动是由无数的"平凡时刻"编织而成的。

在瑞吉欧的出版物中，我们同样可以找到许多有关平凡时刻、微型故事的出版物，比如那些在《劳拉日记》中得到完美呈现的时刻和故事。

极具影响的平凡时刻也可能萌发出长期的方案教学活动。这与美国的"生成课程"(emergent curriculum）理念相吻合，许多主张以儿童为中心的美国教育工作者都采用过生成课程这个概念。

问题驱动能够使学生更加积极思考、深度加工阅读材料，将阅读材料与自己已有的经验之间建立连接，通过阅读改造或改组自己已有的经验。

课程实施

"生成课程"这个概念体现的理念是，课程并不是事先被死板地规划好的，而是在倾听的过程中"浮现"或者"萌发"出来的。当然，"协商性课程"这一概念强调的是课程的社会化建构，即体现的是教育过程共同建构的本质，也就是倾听多个声音。

在协商性学习中，教师试图解析儿童关于客观事物和社会环境的信念、假设或理论……他们的解析揭示了儿童兴趣背后的原因……在这种合作建构课程中，教师与儿童、家长以及其他教师一起形成了一个学习者的社区。

教师必须共同合作，一起来解读儿童的语言和行为。

【参考文献】
[1]甘第尼，福尔曼，爱德华兹．儿童的一百种语言[M]．南京：南京师范大学出版社，2006.
[2]张虹，任丽欣，徐利智．瑞吉欧·艾米利亚幼儿教育体系的历史审视和现实发展——美国内布拉斯加大学教育和人类科学学院及心理学系卡洛琳·波普·爱德华兹教授访谈录[J]．幼儿教育：教育科学，2016(6):3-12.

（三）实践—研讨—反思—改进，在行动研究中切实提升课程设计能力

在明确了各组课程设计的目标对象，鉴赏了中外经典学前教育课程模式的内容及特征后，在教师对"幼儿园课程"各要素的编制原理的讲解和指导下，学生以小组为单位开始逐步设计课程理念、课程目标体系、课程内容、课程实施和评价。学生每向前设计一步，教师都会在课上安排专门的时间，供各小组及时交流设计进展，并倾听其他组成员及教师的意见，反思自己课程设计的长处或不足，课后及时进行修改。经过不断地"实践—研讨—反思—改进"的循环，各组设计的课程愈加有针对性、前瞻性、逻辑性和生活化。

（四）遴选优质见习基地，让学生感受现实中的高质量课程

"幼儿园课程"一般会安排两次见习，一次见习基地安排在历史悠久、课程质量受到广泛好评、基础教育国家教学成果一或二等奖获得单位，让学生感受名园课程的传承与发展；另一见习基地一般会安排在儿童观、教育观、教师观正确的新兴园所，让学生感受新兴园所课程建设的经验。

（五）走入实践场域，让课程设计的作业经受专家型园长、教师的检验

学期末，教师会选择一所幼儿园作为学生课程设计作业的展示基地，由学生通过课件及实物的方式展示各组设计的课程，由受邀参加的、与学生课程设计目标对象相匹配的园长、保教主任、年级组长或教师根据对目标对象的了解及课程编制的经验，对学生的课程设计作品进行评价，或提出改进意见。例如，如果学

生选择了为农村幼儿设计课程，教师会邀请农村幼儿园园长或教师参加课程展示点评；如果学生为城市富裕家庭子女设计课程，教师则会邀请一些幼儿园国际部、高收费民办幼儿园的园长、教师参加。总之，通过在幼儿园进行课程设计作业展示，学生获知了许多有用的实践经验，可以进一步提升课程设计的质量。

三、考核方式优化

（一）基于毕业要求设计考核内容

切实基于“幼儿园课程”所能支撑的毕业要求，我系对学习考核方式也进行了调整，更加重视过程性评价。本门课程成绩构成包含平时成绩 20%，期中成绩 40%，期末成绩 40%。平时成绩由鉴赏中外经典学前教育课程模式中所反映的提问质量、阅读质量和见习报告的成绩构成，这一部分评估可以对应毕业要求中的反思与持续学习能力和国际视野。期中成绩主要是课程方案设计与展示质量，指向毕业要求中的沟通与合作能力、师德规范和教育情怀、基础素养、环境创设能力、保育能力、游戏支持与指导能力、规划和实施教育活动能力和观察评价能力。期末成绩即闭卷考试的成绩，闭卷考试题型一般包括名词解释、辨析题、论述题和案例分析题，主要考察毕业要求中的专业知识能力。如表 3 所示：

表 3　“幼儿园课程”考核内容与毕业要求对应表

成绩构成	考核内容	毕业要求
平时成绩 20%	提问质量 阅读质量 见习报告	反思与持续学习能力 国际视野
期中成绩 40%	课程方案设计与展示	沟通与合作能力、师德规范和教育情怀、基础素养、环境创设能力、保育能力、游戏支持与指导能力、规划和实施教育活动能力、观察评价能力
期末成绩 40%	试卷（名词解释、辨析题、论述题、案例分析题）	专业知识

（二）各内容的评分要点

1. 中外经典学前教育课程模式鉴赏评价要点

（1）请每名学生至少认真提出三个困惑，每个困惑都应该是自己有疑问或与自己已有认知相冲突的，需要通过进一步查找资料才能回答的问题。

（2）能针对问题查找可靠的文献。切忌图方便，不加鉴别地使用百度搜索的文献。

以上两条评价要点指向反思和持续学习的核心素养。

2. 幼儿园课程整体方案设计与主题活动设计作品评价要点

（1）以幼儿为本：真正关心幼儿（特别是处境不利的幼儿）的生存与发展状态，基于幼儿的需要有针对性地设计课程。

（2）教育情怀与责任：能从社会未来发展的需要和当下教育现状，负责任地、前瞻性地设计课程。

（3）实践反思：能使用“幼儿园整体课程设计自评表”和“幼儿园主题活动设计小贴士”，吸纳教师、同学和幼儿园一线教师的意见，反思课程设计的问题，并持续完善。

（4）终身学习：具有基于证据的思维方式，养成遇到问题主动寻找资料进行解答，而不是凭感觉随意进行处置的习惯。能认清幼儿生存与发展的现状及问题，发现当下教育的问题，并在课程设计中进行呼应和改进。

（5）合作沟通：在小组中学习如何陈述自己的观点并理解他人的观点，能积极参与、相互协作、贡献自己的力量。

（6）课程设计能力：能利用幼儿园课程编制原理和主题活动设计方法，设计出合目的、合逻辑、合规律的幼儿园课程方案和主题活动方案。

以上评价要点指向观察评价能力、师德规范和教育情怀、基础素养、规划和实施教育活动能力、沟通与合作能力的核心素养。

3. 见习报告评价要点

能有目的地观摩，吸取见习园课程建设的优秀经验，同时能提出自己的问题。该评价要点指向反思与持续学习的核心素养。

4. 期末考试评价要点

能识记幼儿园课程内涵、特质，理解幼儿园课程编制原理。该评价要点主要指向专业知识的核心素养。

总的来说，经过专业认证，“幼儿园课程”的目标更加清晰，更能够紧紧围绕目标来安排教学过程，考核的内容及评分要求也能够更加清晰地指向毕业要求。以上展示的只是开展专业认证以来，经过改进的“幼儿园课程”教学实践体系，未来我系仍然会继续基于专业认证要求，不断改进和提高“幼儿园课程”的教学质量。

学前教育钢琴教学中的学材建设

杜悦艳

钢琴弹奏技能是学前教育专业学生必备的教学技能，在实现学前教育专业培养目标中起着重要作用。但在实际教学中，高校学前教育专业的钢琴课程一直存在课时少、教学内容多，授课教师少、学生人数多的困难。为解决这些困难，2015 年起，研究者开始尝试在学前教育钢琴教学中加入“翻转课堂”的模式。经过多年的实践，与传统钢琴教学模式相结合的“翻转课堂”增加了教学中学生和教师的互动沟通，切实地提高了教学的有效性。但“翻转课堂”的运用也提出了与之相适宜的教材建设问题，即当教学转向以“学生学”为中心时，教材应该如何随之改变的问题。基于此，研究者进行了学前教育钢琴教学学材的建设研究。本文将探讨学材建设过程中的一些实践探索与理性反思。

一、学前教育钢琴教学学材建设的必然性

幼儿教师属于全科型教师，钢琴弹奏和歌曲弹唱是其必备的教学技能。长期以来，相关课程的教材多选用成人业余钢琴教材、音乐专业钢琴教材或音乐专业即兴伴奏教材。这些教材或在内容上与幼儿园教学实际相关性低，或进度安排较快、程度深，或因相关内容自成体系，与教学进度不匹配，均不适合钢琴弹奏零起点的且本科学业繁重的高等院校学前教育专业学生。因此，2013 年，研究者

已对传统教材进行了改革。改革后的教材结合学生的年龄特点、职前与职后培训需求，聚焦学习内容，强调理论与实践相结合的学习，将钢琴弹奏的基本技能学习、相关联的音乐理论知识学习、音乐欣赏知识学习和歌曲伴奏学习融合为一体，以强化学习效果，并帮助学生形成相关知识的整合，多种能力的融会贯通。但该教材的体系建构还是以“教”为导向，依据学科特性，以单元为教学内容组织单位，将每一个单元划分为基础练习、练习曲、乐曲、儿童歌曲伴奏四个部分。每一单元突显一个弹奏技能点或理论知识点。技能知识点依照由易至难的顺序，即块状推进教学内容的建构模式来安排。如图 1：

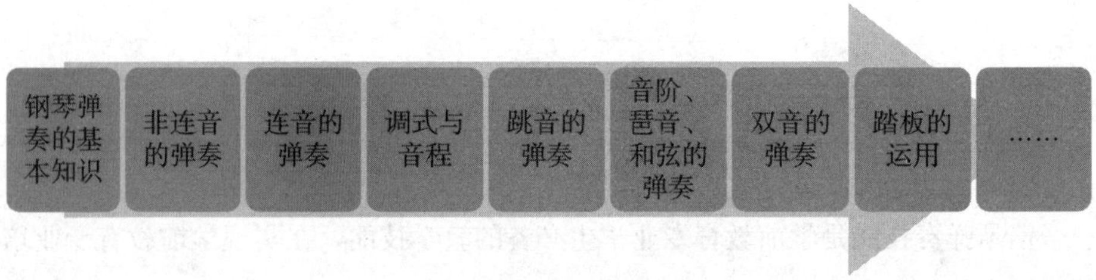

图 1　块状推进教学内容的建构模式

该体系的优点在于系统性、全面性，适宜班级中处于中段的大部分初学者。但对于能力薄弱或能力强的学生，就会有跟不上或吃不饱的情况。即使“翻转课堂”的“E-学习”环节中，教师将知识点相关的教学内容和练习按照必学和选学两个方面上传，能力弱的学生只完成必学内容，能力强的学生完成必学内容后再通过选学内容进行拓展学习，也难以解决这一问题。首先，当学生钢琴练习时间不够或技能稍微复杂时，就不可能做到整齐划一地块状推进。此时，“教”与“学”就产生了矛盾。其次，虽然进行了内容的挑选，但参照传统钢琴教学而设置的教学内容必然有一些与学生的实际需求联系不紧密。所以，教材作为教学的重要资源能否成为达成课程目标的有效载体，能否引导学生主动学习，积极探索建构学科知识体系，能否成为教师与学生互动的直接桥梁等均成为教学改革急需思考的问题。

二、学前教育钢琴教学学材建设的指导思想与思路

学前教育专业钢琴课程的主要目标是：引导学生了解钢琴艺术的一般审美规律，同时提高钢琴音乐审美趣味与能力；掌握钢琴基本弹奏法，能够熟练地双手配合弹奏初、中级程度的乐曲，并同时提高钢琴音乐的审美表达能力；学习歌曲伴奏和范唱技能，尤其是学前儿童歌曲的范唱和伴奏编配法，同时发展创造性参与音乐艺术实践的意识和能力，为学前音乐教育的实践打下必要的基础。那么，如何将必要的教学内容与学生的实际需求相结合呢？

（一）学前教育钢琴教学学材建设的指导思想

1. 贯彻教育部颁发的《幼儿园工作规程》《幼儿园教育指导纲要（试行）》《幼儿园教师专业标准（试行）》精神，强调“以学定教”，根据幼儿园教育实际需求、学生实际基础和能力确定教学内容。

2. 具有问题导向意识，强调学生在自主探究和思考中整合相关的知识和能力，能够在教师示范的引领下，培养钢琴演奏技能方面的解决问题和探究创新学习能力。

3. 具有时代性和前瞻性，合理利用现代教育技术，将适宜的文字、乐谱和图片转换为教学视频，以二维码的形式呈现。增强教材阅读的直观性，激发学生自主学习的意识，逐渐变传统的讲授式教学为讨论分享式教学。

（二）学前教育钢琴教学学材建构的设计思路

1. 以学生为中心。反思传统的“以教师为中心”的钢琴教学理念，并从钢琴教学的特性出发，思考“以学生为中心”的钢琴教学课程建构。

2. 以问题为导向。本科学前教育专业钢琴教学的目标和内容是什么？教学内容与教学方法如何契合？教学方法如何适应学生的个体差异？这些问题需要贯穿修订的整个过程。只有将问题融入过程中，边实践边反思，才能达到“以学生学为中心”的教学效果。

3. 多种方式相结合。从学生来说，所有的学生都应该参与到钢琴学习中，

并获得个性化的教学指导；从教师来说，钢琴教学的不同内容应该运用不同的教学方法和形式。只有突破传统的“示范—模仿”的教学方式才能体现“以学生为中心”的教育理念。

4. 提高教学有效性。教学研究的最终目的是通过提高教学有效性，从而提升教学质量，这正是学材建设的根本目标所在。

三、学前教育钢琴教学学材的基本组织框架

与以往教材的块状推进教学内容的建构方式不同，学前教育钢琴教学学材的框架尝试以齿轮状推进的方式建构（见图2），突显了问题导向、需求导向，而不只是为了求得正确的结果、熟练的技巧，更突显了它力求实现多种思维方式并存和达到开放的学习效果的目标。

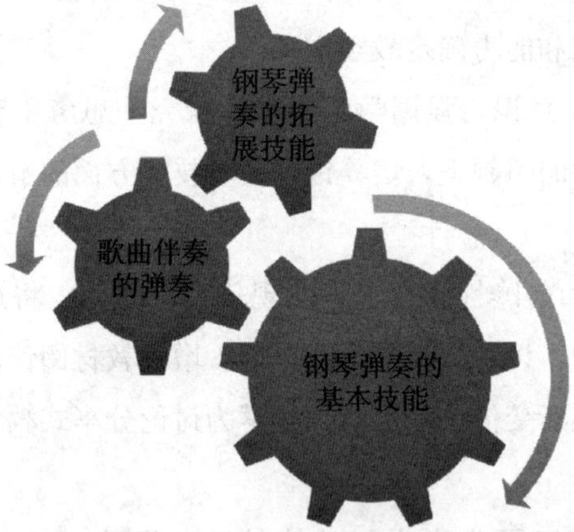

图2　齿轮状推进教学内容的建构模式

钢琴弹奏的基本技能是学习入门的抓手，只要学生有演奏钢琴的欲望，他就必然要产生“如何动手指去触碰琴键”“如何双手一起弹奏”“长时值音符如何弹”“断顿的声音如何弹”等问题。当学生获得基本弹奏技能之后，他又会生出“一段旋律是如何发展为一首歌曲或乐曲的？”“一首歌曲或乐曲为什么由不同的声部这样组合？”“为什么有的曲子好听，有的不好听？”等问题。此时，他就直

接进入了歌曲伴奏的学习。歌曲伴奏，就是最基本的作曲练习。在歌曲伴奏的学习中，学生领悟了音乐艺术的生成之法——“为什么是这几个音同时弹奏?”“为什么这几个音要按先后顺序弹奏?”这也进一步地促进了学生对基本弹奏技能的学习和探索。

如果学生对经典的、更有难度的钢琴曲目产生弹奏兴趣，则可以开始拓展技能的学习。拓展技能的学习不是孤立的、突然的。它与基本技能的娴熟度密切相关。比如装饰音的流畅弹奏就必须基于基本技能中连音的扎实练习。通过大量经典曲目的学习，学生逐渐掌握了旋律与伴奏的关系，伴奏音型与曲风的关系，曲式结构与意义表达的关系。如《献给爱丽丝》，其曲式结构是典型的回旋曲式，大部分表演者认为该曲表现了活泼可爱的小姑娘在花园中快乐游戏且经历雨过天晴的情境。乐曲中A段运用了琶音式全分解和弦型伴奏音型，曲调清新自然，如山中的清泉流淌，表现了小姑娘的纯真；B段采用了一个八度以内的全分解和弦型伴奏音型，配合以旋律中的装饰性回音和急促的三十二分音符，表达了浓烈的情感，将音乐推向小高潮；C段则采用了和弦型伴奏音型，曲调低沉，充满紧张感。而C段之后的半音音阶运用，则有了“峰回路转”“柳暗花明”的意境。短短两分半钟的乐曲提供给学生丰富的、不同类型的伴奏音型体验，帮助学生以极丰富的体验进入歌曲伴奏的学习。

在基本技能、歌曲伴奏、拓展技能这三部分内容的内部，各技能点或知识点之间也是联动式齿轮状结构。图3以歌曲伴奏为例展示了这种结构：

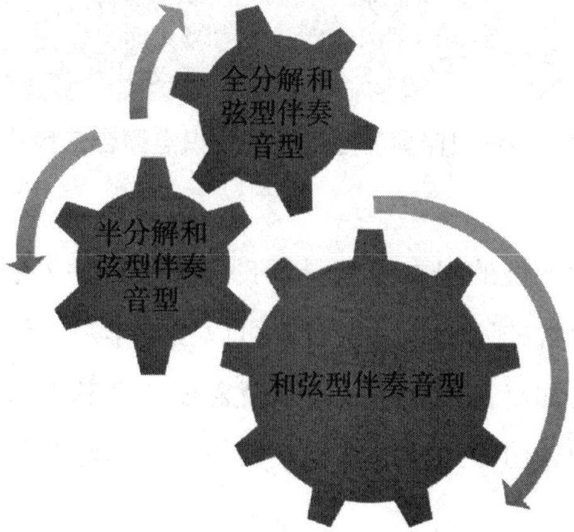

图3　歌曲伴奏中以齿轮状结构联动的知识点

在西方古典音乐中，和弦型伴奏音型、半分解和弦型伴奏音型、全分解和弦型伴奏音型包揽了伴奏声部的各种变化。由此，音乐家将三者合称为歌曲伴奏的三种形式。三种音型各具特色，表现了不同的音乐色彩和情绪。从和声概念的建构来看，和弦型伴奏音型最为合适，因此，在传统教学中将其作为首要内容。但和弦多音齐发的音色特点又使其流动性不够，不适宜较为欢快的乐曲。此时，就需要半分解和弦型伴奏音型和全分解和弦型伴奏音型来调节。如果说和弦型伴奏音型是一扇门，半分解和弦型伴奏音型和全分解和弦型伴奏音型则是两扇窗。门窗全部打开时，出现在学生面前的是广阔的音乐创编空间。

而在每一个音型知识点内部，则采用了聚合三角式结构。图 4 以和弦型伴奏音型的运用为例展示了这种结构：

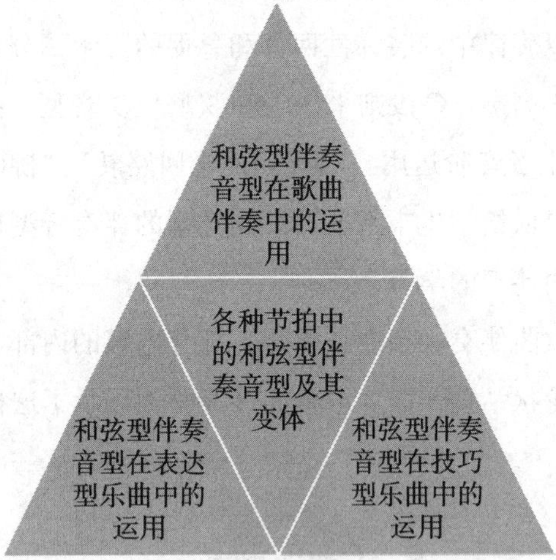

图 4　和弦型伴奏音型内部的知识点聚合三角式结构

学习和弦型伴奏音型的根本目标是帮助学生掌握进行曲等风格歌曲的伴奏。和弦型伴奏音型所包含的四块教学内容皆可以独立学习，但要想获得和弦型伴奏音型在歌曲伴奏中更加丰富的运用技巧，就需要了解其母体及变体，并通过感受其在技巧型和表达型乐曲中运用的实例，获得切实的经验积累，以达到灵活运用的水平。

四、结语

钢琴教学，需要学生在技能学习与艺术素养上齐头并进。技能学习需要的是通过有目的、有计划、有组织的反复练习达到动作技能的自动化。而艺术素养的养成更多的是在于兴趣产生、爱好培养与生活经验的积淀。如果没有一定的技能支持，艺术素养就是纸上谈兵；但没有兴趣爱好，技能学习只是枯燥的反复练习。杜威强调以直接经验为起点的学习，学习的内容要适应学生的需要和接受能力，要从学生需要解决的问题中产生。这就给学前教育钢琴教学学材的建构指明了方向，即前文所呈现学材框架建构与内容选择的理论依据。当然，与其他学科不同，钢琴教学学材的使用需要配合其他资源，尤其是示范演奏的视频或音频资源。这又显现了传统乐器学习的“言传身教”或“示范法”的价值。

联合国教科文组织国际教育发展委员会编著的《学会生存——教育世界的今天和明天》中指出，“新的教育精神使个人成为他自己文化进步的主人和创造者”。钢琴教学三百多年来，块状推进的教学内容和教材运用模式在专业音乐学习中发挥了重要的作用，却难以满足学习者的个性化需求。而为学前教育专业定制的钢琴教学学材正是基于学习者的个性化教学用书。当学习者有着更全面的学习要求时，研究教材，或者从教材中补充学习就尤为必要了。因此，研究者认为，传统的教材与学材是互通的教学材料，并不存在非此即彼的状态，关键在于学习者、教学目标和教学内容的三位一体。

人工智能时代催动学前音乐教育课程改革

季　玥

当今时代是一个智慧的时代。人类智慧催生了人工智能、区块链、物联网、大数据、云计算等新兴信息技术的诞生，所以这是一个人工智慧的时代。在这样一个时代里，每当我们谈到音乐教育，我们必须予以智慧的思考：音乐教育的目的究竟是什么？是要培养更多的音乐家或者职业音乐工作者，还是要增强普通民众的音乐素养和欣赏能力呢？或是还有其它的目的呢？这样的思考似乎与我们音乐教育的实践并无非常直接的联系，但是却决定了音乐教育的走向，值得予以深思，以厘清目前音乐教育课程存在的问题，并解决它们。

事实上，音乐教育的目的与音乐的功能紧密相连，密不可分。音乐教育的目的受音乐功能的影响，同时它又反过来影响音乐的功能。那么，音乐具有哪些功能呢？我们可以从音乐起源的角度来一探究竟。

有关音乐的起源有多种学说。劳动起源说、异性求爱说、宗教起源说是其中的三种主要观点。劳动起源说，认为音乐是从生产劳动中产生的，最初用于在劳动中统一步伐、加强人们之间的合作，也就是所谓的劳动号子，在提高劳动效率的同时又增加了娱乐性。此后的音乐是从劳动号子逐步延伸、发展而来的。同时，也有人提出异性求爱说——我们通过观察动物，不难发现动物的“音乐”往往是用来求偶的，由此不难类推到人类，认为人类的音乐也起源于求偶活动，是用来表达自己的爱慕之情的，是用于取悦于异性的工具。在此之外，还有宗教起源说，认为音乐来自原始人类的原始宗教崇拜，在宗教仪式上用于沟通人与超自然的神灵。人们试图用这样的宗教歌曲来净化自己的心灵，这些宗教歌曲逐步演化成了音乐。

我们已经很难判断劳动起源说、异性求爱说、宗教起源说等多种学说究竟哪一种更加接近于事实真相。也许其中某一种是对的，或者三者都不正确，另有其它的事实真相。但无论如何，我们都可以从以上学说中发现，审美、交流和创造是音乐承载的基本功能。无论哪一种起源，都离不开人的基本审美需求，也离不开人与人之间的交流，更离不开创造。因此，审美和创造是音乐教育的最终目的。教育部颁布的《3—6 岁儿童学习与发展指南》明确地提出，“感受”和“创造”是艺术教育的目标。

然而，学前儿童音乐教育课程的现状是怎样的呢？课程的教学基本还是沿袭了工业时代的集体授课制，以教师为中心，老师教，学生模仿。学生模仿教师的教学目标、过程、方法、重难点等教学设计，模仿教师对音乐的理解与解释，甚至连教学过渡语、教学提问方式等都是按照教师提出的标准流程来进行。诚然，模仿是学习的起点，但是这种机械的模仿，知识体系化的课程教育方式培养出来的是知识面广，但不知其原理的记忆机器，是适应工业化社会需要的标准化人才，即只会记忆知识，不能不断更新自有知识，持续学习的人。这样的教育违背了音乐教育的终极目标之一——创造性，也无法满足智慧时代对人才的需求。大数据、云计算、人工智能等信息技术正推动人类社会从后工业化社会走向智能社会[①]。机器智能与人类智慧相融合的教育新时代指向“智慧”的培养。智能时代需要具有创造力的、终身持续学习的、不断更新知识体系的复合型教师。音乐学科的特点也决定了教师需要具备创造性的思维，以适应并启迪智慧时代下的教育需求。

学前儿童音乐教育课程面临的另外一个现状是缺乏具有音乐专业性的教师。目前，大多数学前教育专业承担儿童音乐教育课程的老师缺乏音乐方面的专业背景，多数是由学前专业毕业，对音乐感兴趣的老师兼任。甚至有的学校的老师是其它专业出身，并没有接受过音乐方面专业的理论与实践训练。然而，音乐是专

---

① 中华人民共和国中央人民政府．国务院关于印发新一代人工智能发展规划的通知：国发〔2017〕35 号[A/OL]．(2017－07－20)[2020－04－07]．http://www.gov.cn/zhengce/content/2017－07/20/content_5211996.htm.

业性很强的领域，需要具有音乐专业性的师资。这里的“专业性师资”指的是受过一定的音乐专业教育，具备基本的音乐专业素养和音乐专业技能的老师。缺乏对音乐的感性认识及音乐理论的理性认识致使教师在上音乐教育课程的时候常常觉得力不从心，只能按照规范流程上课，照本宣科，很难做到在提高学生的音乐教育理论认知水平与实践能力的同时启迪学生的音乐创造力。

城乡在教学理念与资源上存在巨大差异是学前儿童音乐教育课程开设的另外一个现状。我国的偏远山区教育资源匮乏，缺少种类繁多的乐器、音像资料，能承担音乐教育课程的专业教师就更少了，学前儿童音乐教育课程很难开课，更谈不上提高学生理论认知和创造力的培养了。当这些幼儿教师走上学前教育的岗位时，他们并不具备我们所期待的音乐素养和能力。当他们对儿童进行音乐教育时，显然难以胜任。所以，他们会走向照本宣科的老路，即按照规范流程上课，勉勉强强地完成所谓的教学任务。至于他们的真正任务——启迪孩子的音乐创造力，只能被抛在一边置之不理。难道说这些幼儿教师自身没有责任心或者没有使命感，不愿意去完成启迪孩子音乐创造力的任务吗？并非如此。其实我们的大多数幼儿教师是有责任心的，我们不能质疑其职业道德。之所以不去做，实际上是一种力不从心之下的被迫选择。由于他们自己都没有受过多少高质量的音乐专业训练，他们对于如何启迪孩子的音乐创造力，甚至什么是孩子的音乐创造力，都一无所知。在这种情况下，除了照本宣科之外，他们还能做什么呢？

除了缺少音乐师资之外，学前音乐教育课程还面临着缺乏各类教育资源保障的现状，尤其是在边远地区。大城市里，承担儿童音乐教育课程的教师由于缺乏音乐专业背景，尚且不知道如何找到合适的音乐器材和资料以支持教学工作，在边远的山区和农村，由于资源的缺乏，教师就更难得到充分的音乐资料。这些因素都加重了农村和边远地区的音乐教育课程危机。

这样的课程现状经常被归因于教育本身的问题。其实不然，很多课程的问题是社会发展的产物，是社会发展与变迁过程中产生的新需求带来的新问题②。环境与认知是影响创造力的两大因素③。信息技术迅猛发展既是解决这些课程现状

---

② 郭绍青．“互联网＋”教育对教育理论发展的诉求［J］．华东师范大学学报（教育科学版），2019（4）：25－37．

③ 王天力．一般创造力：概念内涵、存在机理与影响因素［J］．黄河科技大学学报，2018，20（06）：83－89．

的环境因素，同时也是改变教师与学生的教学与学习模式的认知因素。

首先，互联网的普及为音乐教学提供了大量的教育资源。网站 Classical Music Archives 提供了世界上 2001 位音乐大师创作的 37121 首经典音乐作品的音像资料及相关的说明与解释④。以色列音乐教育科技公司 Tonara 创建了一个包含了爵士、民谣、摇滚、拉丁等不同风格的音乐数据库。即使缺乏音乐专业的训练背景，也可以利用这些网络资源随时随地学习并提高。与此同时，这些资源使教师的教学素材得到极大的丰富，缩小了城乡音乐教育资源的差异，大大提升了教师在音乐专业领域的认知和眼界，为发现与点亮学生的音乐创造力提供了可能。

其次，网络资源的丰富可以使学生在音乐上的感受与体验不再仅仅局限于教室之内，他们可以随时随地找到音乐资讯。因此，作为“网络原住民”的当代学生极有可能会比教师拥有更丰富的音乐感受。各类音乐教学平台，智能软件为教师和学生提供了教学和评价工具，改变了音乐教育课程的方方面面。在信息技术提供的教育环境之下，以“教师为中心”的知识传授模式必然转变为“以学生为中心”的自主学习模式。智慧时代催动教师改变自己的角色，从音乐知识技能、教育理论的传授者转变为学生音乐创造力的启迪者。

智慧时代信息技术的进步为工业化时代下产生的教育问题提供了解决的途径。学前音乐教育课程需要不断地跟上技术进步的步伐，教师要改变自身的知识结构、思维和教学方式，充分利用技术为音乐教育课程带来的优势，把启迪学生的音乐创造力作为音乐教育的终极目标。

---

④ 谷勇．现代音乐教育与现代 AI/IT 技术[J]．音乐探索，2007(2)：104－107．

学前教育专业实训室与课程、教材的呼应与融合

邱学青

教育部 2011 年颁布的《教师教育课程标准（试行）》（以下简称《标准》），突出“以人为本”“实践取向”“终身学习”的培养理念，体现国家对教师教育机构设置教师教育课程的基本要求，是制定教师教育课程方案、开发教材与课程资源、开展教学与评价，以及认定教师资格的重要依据。近年来，在贯彻落实《标准》的过程中，围绕“教育信念与责任”“教育知识与能力”“教育实践与体验”的课程目标，南京师范大学学前教育系对课程体系做了一系列改革，在调整相应的课程设置基础上的，创建实训室是我系落实“实践取向”的重要举措。

一、呼应：依据专业核心课程设置相应的专业实训室

2018 年，《中共中央 国务院关于全面深化新时代教师队伍建设改革的意见》出台，其中指出：“全面提高幼儿园教师质量，建设一支高素质，善保教的教师队伍。……优化幼儿园教师培养课程体系，突出保教融合，科学开设儿童发展、保育活动、教育活动类课程，强化实践性课程，培养学前教育师范生综合能力。”改革教师教育课程，强化实践性课程，为有效开展实践性课程搭建支架，我系提出“加强教师教育院校师范生教育教学技能实训平台建设”。

《标准》中“幼儿园职前教师教育目标与课程设置”要求：帮助未来教师充

分认识幼儿阶段的特性和价值，理解“保教结合”的重要性，学会按幼儿的成长规律和特点进行科学的保育和教育；理解幼儿的认知特点和学习方式，学会把教育寓于幼儿的生活和游戏中，创设适宜的教育环境，保护与发展幼儿探究、创造的兴趣，让幼儿在愉快的幼儿园生活中健康地成长。依照《标准》建议模块，结合南京师范大学学前教育专业人才培养改革方案（2014 年修订），我们将课程设置为四大类九个模块（详见图 1），设置了九大专业实训室：

“育婴坊与生活馆”重点对应：学前卫生学、儿童发展心理学、0～3 岁儿童发展与教育、学前儿童特殊教育、学前儿童健康教育等课程。

“学前儿童游戏体验与玩具创意室”重点对应：学前儿童游戏、学前儿童游戏治疗、学前中外教育史、学前儿童戏剧教育、学前课程论等课程。

“学前儿童美工室”重点对应：美术欣赏、美术创作、学前儿童美术教育、学前儿童戏剧教育等课程。

“学前儿童绘本阅读与创作室”重点对应：教育名著选读、儿童文学、图画书创作，以及所有的专业学习书籍阅读。

“幼儿园班级活动模拟室”重点对应：幼儿园课程设计、幼儿园班级管理、幼儿园环境创设与布局、区域活动观察与指导等课程。

“学前儿童音乐舞蹈室”对应的课程主要有：乐理视唱、声乐、形体、舞蹈、学前儿童综合艺术教育、学前儿童音乐教育、学前儿童舞蹈创编、幼儿园活动音乐设计等。

“学前儿童科学探究室”对应的主要课程有：学前儿童数学教育、学前儿童科学教育。

“学前教育远程（与鹤琴幼儿园）互动研习室”主要对应：学前儿童心理发展、学前教育原理、幼儿园课程理论与设计、学前儿童教育活动设计、学前教育评价、区域活动观察与指导等课程中需要观摩活动现场的内容。

“钢琴房”主要对应：钢琴（一、二、三、四）课程。

学前教育专业实训室是学前教育专业学生学习学前教育课程的重要场所，是学生对幼儿园教育活动进行实践和反思，提升专业实践能力的活动空间。

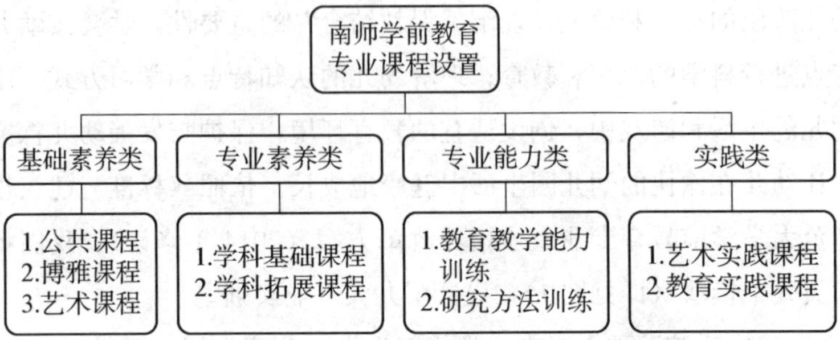

图 1　南京师范大学学前教育专业课程设置模块①

二、联结：依据教材内容规划专业实训室的结构内容

专业实训室是联结理论与实践的纽带，是理论学习与实践操作的平台。学前教育专业实训室是培养学前教育专业学生综合实践能力、增强专业素养的重要基地。

专业实训室的内部结构、功能分区、操作材料等都需要经过专业的规划。专业课堂学习的内容，需要以教材为蓝本，并根据教材的基本结构购置相应的设备和材料。《幼儿园教师专业标准（试行）》强调教师要做到“师德为先”“幼儿为本”“能力为重”“终身学习”。能力是重中之重，为了搭建好知识转换能力的平台，我们除了在课堂上下功夫，还在教材编写上做研究。我们专业课程所选用的教材，大部分都是由南京师范大学学前教育学系教师在长期教学实践基础上编写而成，包括《学前教育学》《学前课程论》《中外学前教育史》《幼儿园课程设计》《学前卫生学》《学前儿童健康（语言、社会、科学、艺术）教育与活动设计》《学前儿童游戏》《学前儿童音乐教育》“学前教育研究方法”系列丛书，等等，这些教材分别由人民教育出版社、高等教育出版社、科学教育出版社、江苏教育出版社出版，既重基本理论、原理的学习，更关注如何将理论与实践相结合，为将知识转换为能力提供了大量的训练与思考。正是由于教材的系统性引领，学生

① 南京师范大学学前教育专业．高等学前教育专业课程与教学研究[M]．南京：江苏凤凰教育出版社，2015：244．

可以在学习的过程中一步一步地置身于专业实训室，去探索、发现、反思、感悟和成长。这种由过去单一“课堂教学”向多元“媒介学习”转变，从“书本教材”向“物化教材”的转变，达到了专业实训室与专业课程相得益彰的效果。

课堂教学是师生双边互动的过程，课堂教学必须实现由“教什么”向关注学生“学什么”转变，从灌输学生“被迫学习”向激发学生“主动求知”转变。尤其是像“学前儿童卫生学”“学前儿童科学教育”“学前儿童美术（音乐、科学、体育等系列）教育”“学前儿童游戏”“舞蹈”“钢琴”等实践性强的课程，光靠老师的课堂讲授根本不能达成“实践取向”的育人目标。如何看护新生儿？怎样合理配置食谱？怎样进行营养搭配？如何让幼儿通过感知多种形式的材料，创造自己的作品？如何分析每个玩具材料的价值和功能？这些问题，没有现场操作等于纸上谈兵。

秉持“育人为本、实践取向、终身学习”的基本理念，即强调以学习者为中心，着眼于教师终身专业发展来规划设计课程。课程教学注重理论学习与实践反思能力的培养，所有课堂学习的内容都可以在功能实训室里找到相对应的实训内容。比如，“学前教育原理”“学前中外教育史”等课程，教师都可以通过让学生现场操作一个玩具、材料，或者分享一本绘本，来分析讨论其中所蕴含的教育观、儿童观；在介绍教育思想发展的过程中，通过操作福禄贝尔、蒙台梭利等发明的玩具、教具，让学生更好地理解其思想的内涵。

要及时增添新的实训功能和材料，丰富实训室的作用。例如，“学前儿童游戏体验与玩具创意室”，最开始的定位是通过让学生玩各种游戏，体验童年游戏的快乐以及理解幼儿喜好游戏的天性，了解玩具的价值与功能，通过操作各类玩具材料，熟悉其性能与特征。然而，随着“STEM 理念”的传播，幼儿园开始重视木工操作活动，作为未来的幼儿教育工作者，也需要熟悉了解有关木工所蕴含的教育与发展价值。因此，我们重新调整了“学前儿童游戏体验与玩具创意室”的结构，增加了木工活动的功能区，同时添置了相应的木工操作台以及工具和材料。

三、整合：依据专业标准建设专业的课程资源库

专业实训室是一个开放性的课程资源库。《幼儿园教师专业标准（试行）》

是培养幼儿园教师的重要依据。专业实训室提供了整合的开放性多元化资源的利用机会，全领域多视角的互动模式，让课程的实施成为学习者主动地建构知识、探究问题和反思实践的过程。本专业不断完善实训条件，汇集多种类型的课程资源，丰富学生对幼儿园活动的认识和理解，开阔其眼界。通过“做中学”培养学生反思意识和反思能力，将课程教学与专业实训室有机融合。实训室是顺应当前教师教育课程改革需要出现的课程实施的重要载体。

专业实训室为学前儿童教育的系列课程提供实践场地，所有的功能实训室既可被某一门课程专属所用，同时也可以作为教学设施和其他实训室整合使用。尽管九个专业实训室的功能相对独立，但对于未来幼儿园教师来说，必须具备综合运用专业知识解决实际问题的能力。因此，专业实训室会随着学生年级的升高而显示出越来越综合的趋势。一年级可能只能在“育婴坊与生活馆”里学习抱娃娃的正确姿势或体验营养的均衡搭配；二年级在“学前儿童游戏体验与玩具创意室”里操作某一种类型的玩具，体验幼儿探索玩具的特点；三年级进行“幼儿园课程设计”“幼儿园环境创设”等课程的学习时，单一的专业实训室就不能满足学习与创造的需要了。因此，功能相对独立的专业实训室，随着学生专业知识的增长和专业能力的逐步提高，越来越趋向于一个不可分割的整体。这样才能满足《标准》提出的“理解整合各领域的内容、综合地实施教育活动的重要性，学会设计和实施幼儿教育活动……”等要求。

通过学前教育专业实训室，我们将“教育信念与责任”“教育知识与能力”“教育实践与体验”加以融合，展现了课程教学“全面实践”“全程实践”“留痕实践”的贯通实践教学特色。学前教育是实践性很强的领域，所有的课程学习，都需要坚实的实践基础。他们既是学前教育专业学生将理论知识转换为实践能力的实习场，也是操作熟悉幼儿教育中各类玩、教具材料的功能室，还是学生自主尝试实践的创意坊。学生通过在专业实训室操作探索，体验和理解学前儿童教育的内容，亲历探究的过程，从而更好地理解儿童的学习方式，形成指导学前儿童探索活动的能力。

陶行知先生提出“行是知之始，知是行之成”，实践是学生学习理论知识与能力发展的出发点和归宿。常言道：“百闻不如一见，百看不如一做”，学生通过自己主动参与学习，才能充分体验到幼儿园教育的真谛，形成正确的教育观、儿童观、课程观、游戏观。只有给学生大量接触各种专业实训室的机会，才能让他们从心理上理解幼儿的情感需要，从情感上愿意主动参与、陪伴、观察幼儿，从行为上愿意为幼儿的活动创设环境，提供适宜的材料支持幼儿开展各种活动。只有切实提高教学质量，从观念到行为真正落实幼儿园“以游戏为基本活动”的精神，才能促进学生的专业学习与专业成长。

专业实训室在材料的采买、空间的安全、环境的整洁以及设备的有序操作使用等方面，都采取学生自主合理使用、专人负责的制度，既保证实训室的有效运行，又彰显了学前教育系师生高度自治、自觉遵守规则的良好风气，这样才能充分发挥实训室在培养幼儿园合格学前师资过程中的重要作用。

学前教育专业课程资源建设的思路与措施

高　妙

随着社会经济日益发达和整体教育水平的提高，学前教育日益受到家庭、国家和社会的高度重视，幼儿园教师需求旺盛，学前教育专业人才培养的重要性也愈加突显出来。课程作为联系学生与教育的重要纽带，一向被认为是教育活动中的重要部分。课程资源是课程建设的基础，如何合理开发和积极利用课程资源是有效实施学前教育专业课程建设的重要保证。

一、课程资源的概念

课程资源是指课程要素来源以及实施课程的必要而直接的条件，它包括构成课程目标、内容的来源和保障课程活动进行的设备和材料。课程资源的概念根据其功能特点有广义和狭义之分，广义的课程资源是指有利于实现课程目标的各种因素，狭义的课程资源仅指教学内容的直接来源。

按照不同的划分标准或不同视角对课程资源进行分类，课程资源的类型也不尽相同。按空间分布和支配权限可以分为校内课程资源和校外课程资源，凡是学校范围内的课程资源就是校内课程资源，超出学校范围的就是校外课程资源。校内课程资源，除了教科书以外，还有教师、学生本身不同的经历、生活经验、学习方式、教学策略等，这些都是非常宝贵而直接的课程资源，校内各种专用教室和各种活动也是重要的课程资源。校外课程资源，主要包括校外图书馆、科技馆、博物馆、网络资源、乡土资源、家庭资源等。此外，课程资源还可以从其他视角将其分为社会资源与自然资源，人力资源、物力资源与财力资源，纸质资源与电子音像资源等。

二、学前教育专业课程资源建设的思路

（一）人才培养目标的定位与课程目标的明晰

为优化本科人才培养模式，探索创新人才培养机制，提高人才培养质量，南京师范大学学前教育专业（以下简称“本专业”）在多年的教学实践活动中不断修订和完善本科人才培养方案。在梳理分析 2010 年以来国家及江苏相继出台的一系列学前教育政策，尤其是幼儿园教师队伍建设目标内涵等文件精神的基础上，本专业广泛调研了学生及用人单位的情况，了解了兄弟院校在人才培养方案制订中的经验、教训及值得借鉴的创新性的举措，在经过全体专业教师的研究后，对课程方案进行了调整，更进一步明确和细化了人才培养目标和基本要求。在经过修订的 2018 版培养方案中，我们将人才培养目标定位为“素养全面、学识宽广、有持续发展潜力并具有创新精神和实践能力的研究型幼儿园教师，继续攻读相关学科硕士学位的研究性人才，以及其他与儿童事业有关的综合性人才”。人才培养基本要求定位为“尚师德、厚基础、强能力、重融合、善反思”。

此轮修订过程中，本专业还根据人才培养目标及毕业要求进一步修订了每门专业课程的教学大纲。在教学大纲中，每门课程都制定了清晰而准确的课程教学目标，并将教学目标落实细化在不同的教学内容和教学环节之中。这样，由教学内容和环节支持课程教学目标，教学目标支持毕业要求，毕业要求对应人才培养的目标，形成一个自下而上指向明确、自上而下落到实处的完整体系。

（二）课程资源内容的改革

课程资源按照空间分布可分为校内课程资源和校外课程资源，相比之下，校内课程资源应占有主要地位，校外课程资源起到拓展和辅助的作用。本专业在结合先进理念及实际情况的基础上，努力提高校内课程资源的数量及质量并积极拓展校外课程资源。

本专业的校内课程资源主要包括教材、课堂教学、学校图书馆、实训室、艺术教室及各类教学设施。其中，教材编写及选用上向学材转化，体现了新近的教学理念——以学生为本，从关注教师教什么到关注学生学什么，强调在教师的引领下，从学生兴趣出发，变被迫学习为主动求知，变教材体系为学材体系。课堂教学中，注意教师讲授与学生自主探究相结合，线上及线下教学相结合，理论知识紧密联系实践，评价方式多元化。我校图书馆中图书及影像资源种类丰富、来源广泛，即使最新出版的教育类纸质图书，在学校图书馆内也极易找到。近年来，本专业建成一批设施先进的教学实训室和艺术教室，学生琴房数量也增加了一倍，极大地改善了教学和实训环境。

本专业校外课程资源包括实践基地、幼儿园及相关教育机构、市图书馆、博物馆、科技馆、科研院所、国内外学术交流活动等丰富的自然资源以及各种社会资源。本专业优选幼儿园建立实践基地，全方位建设见、实习基地，基地相对稳定，为学生提供了丰富的视野和见、实习经历。此外，教学过程中充分调动学生积极性，组织学生前往儿童艺术展览、观看儿童剧、前往儿童博物馆等多种场所。近年来，学校和学院还鼓励学生走出校门，积极参与高水平国内、国际学术活动，并积极推进学生赴全球知名高校、研究院开展交流活动，以拓展学术思维，开阔国际视野。

(三) 课程资源形式的拓展

为丰富课程资源的形式，本专业在整体课程层面做了一定的调整和改进，主要体现在线上课程与线下课程相结合，实践课程与理论课程相联通以及提升课程的开设规模和可选择性几个方面。

1. 线上课程与线下课程相结合

本专业重视利用信息技术促进学生学习方式转变，改革传统的教学方式，培养学生充分利用时间自主学习、高质量探究性学习的能力。本专业有效整合了各类课程资源，学生可通过在线开放课程、国家精品课程、毕博、中国大学慕课等信息化平台进行线上学习，获得实时在线的教学资源和教学指导。

2. 实践课程与理论课程相联通

通过建设实践课程群，将见、实习课程体系化并与理论课程学习相联通。实践课程群包括专业见习 1－4 和专业实习 1－2，贯穿四年的培养全过程。专业见习课程内容分别与该学期的理论课程相配合，由特级教师、幼儿园资深教师、专职指导教师和全系教师共同进行实习指导。

3. 提升课程的开设规模和可选择性

在不提高规定总学分的前提下，扩大选修课开设的规模，在高年级实施培养方向分流，将有限的资源充分利用，给学生更多自主发展机会。对于有意毕业后从事教育实践工作的学生，强化艺术素养和教学技能的培养，在高年级开设更多的实践技能课程，如弹唱和幼儿园环创等。对于有意继续深造的学生，开设更多的理论素养课程，并在高年级减少一定的必修技能课程，例如将钢琴课从四个学期必修改为两个学期必修加两个学期选修，给予学生更多自主时间和选择权。

三、学前教育专业课程资源建设的主要措施

本专业进行学前教育专业课程资源建设的一些主要措施如下：

（一）课程教材的改革

从教材到学材，最大的特点是突出了“以生为本”“以学定教”，以学生综合素质的培养为中心，关注学生实践应用能力的提升，学材内容根据学生的实际状况，系统、合理地构建内容体系，优化学材内容的设置，注重模块之间的有机联系。此外，学材的呈现方式多样化，结合运用学习目标、学习提示、知识讲解、案例分享、设计练习等形式，并穿插运用二维码，充分应用现代信息技术，整合线上线下资源，变课本学习为多种媒介学习。

目前本专业正在与高等教育出版社合作编辑出版一系列学材，包括《学前儿童课程论》《学前儿童游戏》《学前儿童社会教育》《学前儿童健康教育》等十余本，有的已出版发行，有的在陆续撰写、编辑、出版中。

（二）课程类型多元化

本专业加强了线上课程的建设，丰富了课程类型，将信息技术运用于专业教学，改革了传统的教学方式，培养了学生充分利用时间自主学习、高质量探究性

学习的能力。学生可通过在线开放课程、国家精品课程、毕博、中国大学慕课等信息化平台进行线上学习、在线交流，也便于及时接受教师指导。本专业已建设并投入应用的在线开放课程有顾荣芳教授的“学前儿童健康教育”课程，邱学青教授的“儿童游戏”课程以及杜悦艳副教授的“学前教育钢琴基础课程”，另有几门线上课程正在建设中。

课堂教学中打通线上课程与线下课程，让学生自主学习在线课程的同时也能够获得教师线下课堂教学指导。线下课程的教学方式强调发挥学生的自主性，结合自主阅读、课堂讲授、问题讨论等多种方式，注重学生以目标问题为导向进行自主学习、深入探究。同时，线上课程为师生提供了更丰富的课程资源、阅读材料、在线题库、学生学习情况的统计与分析等等。

（三）课程结构体系化

学校及院系层面统筹规划教学资源，打造教学团队，建立课程群。

本专业成立了“学前教育研究方法教学团队”“学前教育实践教学团队”“学前教育基本原理教学团队”等多个教学团队，每个教学团队都各有优势。例如，“学前教育研究方法教学团队”由 6 人组成，年龄结构和知识结构合理，教学中凝聚集体智慧，共同研究课程与教学工作，目前研发了《学前教育研究方法》系列学材。又如，“学前教育实践教学团队”由 10 人组成，每年有 5～6 位教师全面负责指导与管理该年度学生教育实习与见习工作，目前研发了《实践教学高校指导教师手册（专业实习 1、2）》《实践教学幼儿园指导教师手册》《学生见实习手册》。

为更好地联通学生学习的知识体系，本专业建设了多个课程群。例如，根据研究型幼儿园教师的培养目标，本专业强化了研究方法课程，将过去的一门研究方法课扩展为研究方法课程群，包括专业入门、观察法、调查法、论文写作等课程，贯穿四年的培养全过程。又如，为加强实践教学并与理论课程相联通，本专业恢复了让学生每周去幼儿园的传统做法，建设实践课程群，包括专业见习 1－4，专业实习 1－2，贯穿四年的培养全过程，专业见习课程内容分别与该学期的理论课程相配合。

（四）教学实训室及艺术教室的建设

近几年，本专业建成一批设施先进的教学实训室和艺术教室，学生琴房数量也增加了一倍，极大地改善了教学和实训环境。本专业教学实训室总面积为964m^2，共13个，包括学前教育远程互动研习室、幼儿园班级模拟室、学前儿童游戏体验与玩具创意室、学前儿童美工室、学前儿童科学探究室、学前儿童绘本阅读与创作室、钢琴房、舞蹈房、综合实验室（建在南师大幼儿园）、游戏治疗室等。各实训室教学仪器设施设备完善，皆配置有适用仪器以供教师实践教学使用。

此外，本专业购置了必需的专业理论书籍和经典绘本，添置了教学材料和玩教具，更好地满足了教与学的需求。实训室拥有众多学前阶段优质绘本和专业书籍，并建设有“智能图书漂流柜”以进一步扩大师生对专业书籍、儿童绘本等图书的阅读量。据统计，目前本专业实训室拥有图书4 391册，其中专业中文图书4 074册，纸质期刊10余种。多种类型的专业书籍极大地满足了学生专业学习和业余自主学习的需要。本专业为各年级学生拟定不同的必读书目、选读书目清单，对应各科课程进行学习指导。以上这些实验教学设施不断完善，有力保障了学生保育教育能力的提升。

（五）实践教学体系的建构

本专业优选幼儿园建立实践基地，每个实践基地单次最多能接纳20名学生。目前共有8所实习基地园，全部都为省优质园，且与本系教师有着长期深入的合作。专业见习园目前超过20所，园所相对稳定、类型多样，包含城市园、农村园、城乡接合部幼儿园；包含教办园、机关事业单位办园、街道园和民办园；包含普通幼儿园和特殊教育机构等，为学生提供了丰富的视野和见习经历。

专业实习实践具备完善的教学制度，能够科学合理地确定见、实习的目标任务，系统设计实施途径与评价，使学生通过实践和反思不断提高专业素养。根据培养方案及毕业要求，本专业针对专业实习实践制订了见习手册1－4、实习手册1－2，按照手册规范进行教科研实习。特级教师、幼儿园指导教师和高校指导教师共同进行实习指导，负责在实习初进行动员准备，实习中监督交流，实习后评价反思。实习实践采用多元评价，把学生自评互评、幼儿园指导教师评价、高校指导教师评价相结合。

此外，本专业正在建设实践教学网络平台，学生、幼儿园指导教师和高校指导教师可共同在同一平台上进行交流，以便更加有效、合理地利用课程资源，完成见实习手册的任务及进行在线指导交流，进一步促进理论学习与实践操作相统一。

（六）学校资源的充分利用

除了专业教学实训室的书籍资源外，我校图书馆总藏书量约为280万册，其中，仙林校区敬文图书馆（总馆）、随园校区华夏图书馆（教育图书馆）和教科院资料室为本专业图书资源主要聚集处。目前我校共拥有学前教育类相关纸质图书约15 680本，其中中文图书约13 200本，教材或教师教材参考书约3 000本，拥有电子图书约9 900本，教学案例300多例，还有我国学前教育专家录像20多部，如教育纪录片《陈鹤琴》等，充分满足师生教与学的需求。此外，学校图书馆还有大量数字资源，也可提供校外文献获取服务。

（七）专业学术活动的定期举办

本专业定期组织“鹤琴讲坛”、学术沙龙以及各种会议，各种学术活动几乎都对本科生及幼儿园免费开放。“鹤琴讲坛”常设国际专家讲座，今年邀请了美国、日本、澳大利亚等多个国家的知名学者前来开展学术讲座活动，帮助学生进一步把握国际动态，了解学前教育新发展。

（八）国内外学术交流的积极参与

近年来，学校和学院鼓励学生走出校门，积极参与高水平国内、国际学术活动，并积极推进学生赴全球知名高校、研究院开展交流活动，以拓展学术思维、开阔国际视野。学生除参加中国学前教育研究会及其专业委员会的年会外，还远赴美国、意大利、捷克、俄罗斯、日本、克罗地亚、韩国等国家参加国际学前教育组织的学术年会及交流访学。

本专业通过以上一系列校园内外课程资源的建设措施，促进了学前教育专业课程资源质量的提高，有利于专业培养目标的实现。这些举措让学生具备扎实的专业基础，并在实践中体会理论，使学生在毕业后经过“实践—反思”的历练，成为能够引领行业专业化发展的骨干。

学前教育专业在线开放课程建设需要教师的教育情怀①

顾荣芳

教育部在2018年1月15日召开的新闻发布会中介绍，我国的慕课数量已达到3 200多门，比美国的2 300门多出近1 000门，稳居世界第一。在这样的情形下，教育部重申大力建设在线开放课程，并提出在2020年达到国家、地方两级“两个1万门”精品课程（其中认定国家级精品在线开放课程3 000门，线下精品课程7 000门）目标。笔者认为蓝图虽宏伟，但任务很艰巨。因为在一些高校，在线开放课程的管理机制远远没有跟上，大部分教师对在线开放课程的认识与建设决心亟待加强。以学前教育界为例，在认定的首批国家精品在线开放课程中关于学前教育专业的课程寥寥无几，似乎说明在线开放课程建设尚未能在学前教育界真正兴起。在此，笔者试图以“学前儿童健康教育”课程建设者身份，梳理反思在线开放课程建设的心路历程，以期与同行分享，为高校课程与教学改革贡献绵薄之力。

一、出于对新生事物的好奇而接触在线开放课程

2013年，慕课开始在国内兴起。2014年前后，国家级精品资源共享课等类

---

① 本文系教育部人文社会科学研究及江苏省教育科学“十三五”规划重点资助课题“基于成长需求的幼儿园教师专业发展阶段及路径研究”（17YJA880025 & B－a/2016/01/34）阶段性成果。原载于2018年第9期《早期教育》（教育教学版）。

型的课程可以转为建设国家精品在线开放课程。作为相关课程负责人，笔者当时对这一新生事物有点好奇，但由于管理部门尤其是所在学校并未建立课程建设的平台，也没有相应的管理制度，没有能及时将“幼儿健康教育与活动指导”这一课程转型。但仅时过一年，尤其是《教育部关于加强高等学校在线开放课程建设应用与管理的意见》（教高〔2015〕3号）出台后，在线开放课程建设就被教育管理部门真正提上议事日程。出于对新生事物的兴趣，笔者与同事一起主动参加了几次有关“在线开放课程”“慕课”的培训，包括省课程中心组织并由东南大学承办的课程建设专门培训，开始接触了解在线开放课程。

二、基于对教学变革的前瞻而申报在线开放课程

笔者因为前两年一直在默默关注在线开放课程领域的新动向，所以在看到所在学校管理部门从当初“不支持、不反对”之观望态度转为希望教师申报，笔者就毫不犹豫地申报了校、省两级在线开放课程。申报的另一个原因，是因为看到了“互联网+”的强大发展势头，如果不顺应时代的发展，不加强高校教育改革尤其是课堂教学改革，那么就有可能逐步变得“不会上课”或“不能把课上得更好”。教师会上课、上好课是天经地义的，岂有不会、不能之理？正是这种危机感促成了笔者在繁忙工作之余的申报，也就有了现在的中国大学慕课“学前儿童健康教育”。

三、缘于对教学改革的热情而建设在线开放课程

在线开放课程的建设过程是琐碎甚至是相当繁琐的。首先是教学视频的拍摄，这意味着课程负责人必须身兼编剧、导演和播音员数职。所谓“编剧”，是指课程负责人需要设计好拍摄的具体内容，包括讲稿内容、需要呈现的课件内容。所谓“导演”，是指课程负责人需要联系好拍摄人员，确定拍摄日期，明确拍摄几节课，计划周全、准备充分，可以在一天连拍多节课，不需要对同一教学内容进行重复的拍摄。所谓“播音员”，是因为在最初制作在线开放课程时，学生被认为是不建议或不应该出现的，课程执教者只能对着电脑自说自话，几乎等

同于播音员，充其量也就是一个演讲者，算不上好教师。这与笔者当年录制国家级精品资源共享课时要求所有教学内容都是随堂拍摄的情形完全不一样。在当年国家级精品资源共享课的建设中，其实也有一种主张是对课堂教学进行“摆拍”，以期留下尽可能“理想”的状态，但不同教师的教学理念与教学风格不一样，有的崇尚毫无瑕疵的“完美”版，有的欣赏留有瑕疵的“自然”版，只有经历过此类课程建设的教师才能深切感受其各自的利弊。

四、苦于线上教学的繁琐而熟悉在线开放课程

在线开放课程，从申报开始，任课教师就面临着许多琐碎的工作，其中一部分是教学内容方面的工作，另一部分则是建设过程中特有的、教学规范方面的事务性工作，比如每个单元都要有格式化的测验题，讨论区要按规定设置等。这些事务性工作需要教师有良好的耐心，这或许是不少高校教师并不那么积极申报在线开放课程或者申报后迟迟未能如期建设的重要原因。相比较而言，在线开放课程需要教师付出比传统课堂教学多倍的时间和精力，这不仅因为课程建设过程中事务性工作的繁杂，而且因为正式开课后陡增的教学工作量。

任何一门在线开放课程，一旦有了几千名学员（虽然并不起眼）后，教师的教学工作量就会呈几何级数增长。因为过去只在课堂上，或课堂前后，教师才比较多地回答学生的问题，而线上课程则是时时刻刻在答疑解惑，教师的责任心越强，教学质量越高，教学工作量也就越大。如果一些课程的学习者达到万人以上的话，教师的日常教学工作量更是会多到无法计算。加之目前相当多的高校并无完善的线上课程激励机制，甚至激励机制全无，广大教师建设线上课程的积极性十分有限，有线上课程建设经验的教师也是屈指可数，有兴趣建设的教师很少能在身边找到可以共同探讨线上课程教学改革的不同建设者，即使执教者已经进行过一两次开课，但还是会因为不熟悉流程而顾此失彼……所以，在线开放课程的执教者是拥有教育情怀的教师。所幸有江苏省课程中心的管理人员，一个印象中年轻人居多的教务管理团队，几乎 24 小时在线，为所有任课教师第一时间解答全部问题，不厌其烦。实事求是地说，没有他们，课程成功上线并如期开课会成为不可实现的事情，在线开放课程建设，这一群年轻人功不可没。相比省课程中

心，高校对于新型网络课程的教务管理亟待加强。如果说传统课堂教学管理制度下的教师，常常会因教务管理的机械刻板而感觉掣肘的话，那么在线开放课程的建设者却常常因无人过问而深感孤独。对于一些基本问题，比如，如何处理课堂教学与线上教学的关系让教学资源得到最优化？如何科学合理地区别对待校内学生与线上学员让学生发展最优化？类似这些问题都应该由既具有前瞻性眼光又熟悉课程建设过程的教务管理者提前进行研讨。

五、乐于线上教学的发现而享受在线开放课程

虽然感觉线上课程建设繁琐，批阅学生作业的工作量过大，每天与学员线上交流很耗时间，但是笔者突然之间发现，作为一名任课教师，已离不开线上这个平台了，惊讶之余是惊叹！原来，自己已经不知不觉偏好甚至依赖这种互联网时代的教学与教研方式了。这种感觉就像新买了一部不同品牌的智能手机，在开始告别旧手机使用新手机的前两三天中烦不胜烦，甚至觉得还不如继续使用旧手机来得省事，但再过几天就会自我发问："怎么不早点把旧手机换掉呢?!"课程建设中，自己感觉到的具体变化主要表现在以下方面：

第一，线上平台使执教者真正达到"桃李满天下"之境界，增强了教师的职业自豪感，拓宽了教师对不同类型学生的了解。作为一名从教多年的教师，过去几十年的教师生涯中所教的学生总人数竟不及线上课程第一轮开课人数的 1/3，一学期中两轮开课的学习人数已是同期校内生人数的 125 倍。学生有来自著名高校的，也有来自普通高校的，还有来自职业技术学院的，甚至是没有大学学历的；学员有的是在校生，有的是高校教师，有的是幼儿园教师，还有的是幼儿家长；有的是好学者的独立个体，有的是缺师资学校的"打包组团"。可以说，秉持"有教无类"且"以生为本"之教育理念的执教者累并享受着。

第二，线上平台成为师生、生生随时沟通的快速通道，随时讨论的立体课堂，在所有参与者之间建立了纵横交错的关系。师生之间不仅不再受制于上课才能见面、见面才能回答问题，即使是师生之间的"一对一"交流，也会因为主动参与者甚多，围观者甚多，而演变成多位"教师"与多位"学生"的交流。从实效来看，"围观"即意味着不经意间的主动学习，不仅执教者"有教无类"，而且

几乎所有的学员对“有教无类”达成默契，无论是谁提出的问题，只要有相关经验的人即乐于在平台上分享。正因如此，所有的学员包括教师同时也是“有学无类”，只要是有益的经验，学习者只需通过逻辑思辨判断其合理性与科学性，几乎都不用花任何时间去甄别经验提供者的身份就可主动接受，这种学习理念与学习方式十分符合现代人的互联网社交习惯。线上课程原本就是互联网时代应运而生的产物，在这种立体教学空间中，有的是积极主动而较少消极强迫，有的是轻松愉快下的畅所欲言而很少紧张压力下的吞吞吐吐。因此，虽然线上教学缺少了面对面的交流，但另一方面也着实加强了人际互动。

第三，线上平台使师生更深刻地体验到“一分耕耘，一分收获”。无论师生，都在不知不觉中花费了更多的时间，付出了更多的精力，因此学员在知识能力方面的收获聚沙成塔，教师对教学经验的积累集腋成裘，两者皆可观。就学员而言，既有单元测验也有单元作业，既有期末考试还有平时互动，既要按时提交作业，也要经得起同伴互评，既学课程知识也学教学评价；就执教者而言，仅多种类型的学员从多个角度的发问就足以让自己没有了空闲，如果坚持与每一个学员互动，回复每一个问题，那么执教者几乎每一天都要进行线上工作。但看到自己能同时引领数千学员基于所学课程，但又不限于所学课程知识能力点的学习，教学能从教材内容发散出去理论联系实践，学员能将学到的知识用到各自的生活中时，执教者的教学成就感陡增。

在线开放课程，对于缺少师资的学校及学生而言，功在当代，利在千秋。反观我国学前教育领域，目前仅有屈指可数的几门类型尚不相同的线上课程，仍需加快脚步。所有教师都应该认识到，在线开放课程建设，是新时代赋予教师的新职责，需要教师的决心、信心和教育情怀。

第三部分
见习实习与实践创新

《学前教育见习实习指南》助力反思性实践者专业形象建构①

张永英

一、何为“反思性实践者”？

“反思性实践者”这一概念是美国学者舍恩提出的，但如果我们追溯历史的话，关于“反思”和“实践”，近者如杜威，远者如亚里士多德，都做过相关论述。

亚里士多德认为人类活动主要有三种形式：理论沉思、实践和制作。实践和制作虽都表现为行动，但两者的实现逻辑不同。实践是“对于可因我们（作为人）的努力而改变的事物的、基于某种善的目的所进行的活动”②，实践依赖于人的感觉欲望中的一种自为性机制，是让人自身变好的活动；制作则是在技艺的支撑下对产品生产性的实现，是让物品变得更好的活动③。在亚里士多德那里，实践不是理论支配下的机械操作，而是人以信念、情感、认识、智慧和力量投入

---

① 本文系江苏高校哲学社会科学研究重点项目“基于‘OBE’理念的学前教育专业‘双导师制’建构的实践研究”（课题编号 2018SJZDI182）的阶段性成果。

② 亚里士多德．尼各马可伦理学[M]．廖申白，译．北京：商务印书馆，2004：译著者序 xxi.

③ 徐长福．实践智慧：是什么与为什么——对亚里士多德“实践智慧”概念的阐释[J]．哲学动态，2005(4)：11.

的，内在蕴含了道德目的的，创造性的行动。朝向善的目的，使人自己变得更好的实践活动一定是离不开反思的。通过反思，实践者才能对个人实践中的问题有自我觉察，才会有致力于不断丰富与完善实践的力量。亚里士多德认为实践者无法通过普遍性知识解决实际情境中的个别性问题，因而他强调实践智慧。但实践智慧与理论智慧之间是否没有任何瓜葛？他没有深入探讨④。但我们从他对实践的定义中可以看到，实践是需要善的目的引领的。

杜威指出较好的思维方式就是反省思维（reflective thinking），反省思维不是“闪念”，而是对某个问题进行反复的、严肃的、持续不断的深思⑤。反省思维包括：引起思维的怀疑、踌躇、困惑和心智上的困难等状态；寻找、搜索和探究的活动，求得解决疑难、处理困惑的实际办法。反省思维过程中居于持续和主导地位的因素是解决疑惑的需要⑥。杜威同样认为思维受目的的控制，而目的又取决于问题的性质。思维始于某种疑惑、迷乱和怀疑，但要尝试解释或解决疑惑须由各种暗示来帮忙。“暗示从何而来呢？显然，它凭靠人们以往的经验和可供自由使用的相关知识的储备”⑦。但仅凭已有的经验和可调用的知识所作出的判断很有可能是独断的或教条式的，这被杜威称之为“拙劣的思维”，还称不上是“反省思维”。真正的反省思维“必须愿意坚持和延续疑虑的状态，以便促进彻底的探究”⑧。基于对反省思维的理论沉思，杜威提出“教学法的要素和思维的要素是相同的，这些要素是：第一，学生要有一个真实的经验的情境——要有一个对活动本身感到兴趣的连续的活动；第二，在这个情境内部产生一个真实的问题，作为思维的刺激物；第三，他要占有知识资料，从事必要的观察，对付这个问题；第四，他必须负责有条不紊地展开他所想出的解决问题的方法；第五，他要有机会和需要通过应用检验他的观念，使这些观念意义明确，并且让他自己发现它们是否有效”⑨。杜威强调必须将反省思维作为教育目的，而上述的五个步骤为我们提供了培养学生反省思维的教学法参考。

---

④ 同③：13.
⑤ 杜威．我们怎样思维·经验与教育[M]．姜文闵，译．北京：人民教育出版社，2005：11.
⑥ 同⑤：19－20.
⑦ 同⑤：21.
⑧ 同⑤：22.
⑨ 杜威．民主主义与教育[M]．王承绪，译．北京：人民教育出版社，1990：179.

舍恩认为在复杂的实践情境中，反思性实践者不是依赖现存的理论与技术去采取行动，而是努力去理解情境、主动建构问题。实践者总是一边行动一边思考目标和方法，这便是“行动中反思”，其基本结构是“反思性对话”。所谓“反思性对话”，即实践者不断地根据问题情境及行动结果调整自身的思路和行动。如此，实践者在实践中变成研究者，并从固定的理论和技巧中解脱出来，构建一种新的适用于特定情境的理论，从中我们不难看出受杜威认识论的影响。但舍恩认为实践者是实践情境的研究者，有能力改进自身的实践和生产自己的实践性知识，甚至将理论知识与实践性知识对立起来。舍恩的观点受到了舒尔曼等其他几位北美学者的质疑。舒尔曼等人认为舍恩的观点具有“教育中二元论思维方式的危险”⑩，将实践性知识和客观知识对立起来是不足取的。实践性知识并非教师教学的核心，而是特征。在专业教师的培养中，光有实践性知识是不够的，“教师必须学会使用知识基础来提供选择和行动的基础”⑪。范梅南也认为舍恩的“行动中反思”站不住脚，他提出了教育敏感性和教育机智——一种瞬间行动的智慧，它“在教学的行动中实现自身”⑫。

综上，我们可以得出对反思性实践的几点认识：首先，反思性实践始于对实践情境中感兴趣的问题的自我觉察；其次，反思性实践具有善的目的或价值引领；再次，反思性实践不仅凭个人经验和自主反思，更需要通过与他人或公共知识对话获得知识的重新建构和检验；最后，反思性实践是深刻、持久、彻底的探究。我们也可以明确：反思性实践者不是盲目的操作者，而是问题的觉察者；反思性实践者不是被动的理论吸收者，而是运用个人情境性知识，与同伴或公共知识开展对话的、知识的主动建构者；反思性实践者不是技术的套用者，而是面对问题情境不断调整的、创造性的问题解决者。反思性实践者并非不需要知识基础，只是更强调主观能动性，已有的理论和技术是实践者行动时可供选择的资源。

加拿大安大略省早期教育机构实践框架中对反思性实践者的内涵进行了如下阐明：

1. 反思性实践者用温暖和积极的方式来引导儿童建设性行为的发生。随着儿童的成长，当他们应对日益复杂的世界和面临多样化的社会环境的挑战时，反

---

⑩ 王艳玲，苟顺明．教师成为“反思性实践者”：北美教师教育界的争议与启示[J]．外国中小学教育，2011(4)：55.

⑪ 同⑩：55.

⑫ 同⑩：56.

省（反思）性思维和同理心是必要的。反思和同理心根植于儿童早期的人际关系，在这种关系中，情感是可以分享、沟通、交流和表达的。当孩子在与成人爱和安全的关系中，他们能够互相分享经验、相互联系和尊重时，同理心就会增加。当孩子与他人分享情感和想法时，他们会觉得自己与他人情感和想法相关。分享情感和想法能够使孩子们开始从他人的角度看世界，认同他人，设身处地为他人着想。那些重视、尊重和关心孩子的成人，在建立规则的同时，也为孩子们提供了将假想游戏与发展智力联系起来的机会。

2. 反思性实践者将理论框架、研究成果和他们自己的日常经验结合起来，指导他们与幼儿及其家庭的互动。反思性实践者要弄清楚孩子们在活动中是如何思考、学习和理解这个世界的。他们知道孩子们目前能做什么，下一步可能做什么。反应积极的成人帮助孩子集中注意力，他们将事件描述出来并且提出能激发孩子思考的问题。因此，当孩子当前的知识和兴趣与所提供的学习机会有明显的匹配时，课程是有意义的。

3. 反思性实践者愿意与家庭成员和其他护理人员交流他们在做什么，以及为什么要这样做。他们理解并寻找机会支持幼儿与其父母和其他照顾者之间的互动，这种互动建立在儿童兴趣和能力的基础上。反思性教师能够阐明游戏活动如何促进学习和获得最佳发展，他们指导家庭成员和其他照顾者如何参与游戏活动，可以采用鼓励探索、更多的语言交流，并引入识字和算术概念的方法。他们也明白并尊重父母和家庭，因为他们仍然是自己孩子的专家。

二、对培养反思性实践者时代诉求的回应及现状分析

（一）“全实践”理念指导下的实践教学及问题

2011 年国家教育部颁发的《教师教育课程标准（试行）》中指出“教师是反思性实践者，在研究自身经验和改进教育教学行为的过程中实现专业发展”。为培养反思性实践者，《教师教育课程标准（试行）》提出“教师教育课程应强化实践意识，关注现实问题，体现教育改革与发展对教师的新要求。教师教育课程应引导未来教师参与和研究基础教育改革，主动建构教育知识，发展实践能力；引导未来教师发现和解决实际问题，创新教育教学模式，形成个人的教学风格和实践智慧”。

引导学前教育专业在校学生关注现实问题、参与教育改革并引导他们发现和解决问题的方式是多样的，但无疑进入实践场域的专业见习和实习，虽然很传统，却依然是最重要的途径。因为通过专业见习和实习，学生有机会走入真实的教育教学场景，或观摩或亲自尝试各类教育教学活动。这是“引起思维的怀疑、踌躇、困惑和心智上的困难”⑬ 的客观条件。

然而并非学生参加见、实习便能开展反思性实践。传统的见、实习类似“学徒制”，学生或可获得“粗糙的、未经提炼的经验碎片”，但感性经验是“遭遇性的”“无心的和不稳定的”，尚未被“概念化、规则化和类型化”的，而学生在见实习过程中的态度和价值取向也是“弥散的、模糊而非意识的”⑭。

基于此，秦金亮等人提出了“全实践”的理念，为学生打造“反思性实践者”的养成环境。所谓“全实践”，就是“将幼儿教师专业发展全程中所有实践环节作为一个整体来系统定位、统筹安排，就是实践要素诸方面在时间上要全程延通，在空间上要全方位拓展，在内容上要全面整合，在理念上要全息浸透，在课程体系上要全维统整”⑮。“全实践”的理念得到了很多高职院校学前教育专业的认同。在“全实践”理念的指导下，他们构建了与理论教学体系相辅相成的全学程的实践教学体系，包括课程教学模块、模拟训练模块、幼儿园实践模块、课外活动模块、技能训练和竞赛模块、科研训练模块等等。但幼儿园实践模块在执行过程中存在这样一些问题：第一，合格的实践教学基地和合格的实践教学指导教师数量不足。幼儿园方不能很好地执行高校方的实习方案，而热衷于让实习生顶岗，“哪里需要搬哪里”。实习指导教师严重不足，因而“中专刚毕业的新任教师指导专科生，大专刚毕业的新任教师指导本科生的现象普遍存在”⑯。第二，幼儿园实践状况与高校职前教师教育现状无法对接。有的幼儿园是课程改革浪潮中的弄潮儿，前卫的课程实施方式甚至连学生在高校课堂里也没听说过；也有的幼儿园课程实践远远落后于学生在高校课堂上了解到的、基于发达国家的先进教育理念和实践

---

⑬ 同⑤：11.

⑭ 秦金亮，步社民，朱宗顺．全实践进行时——反思性幼儿教育实践者的专业养成[M]．北京：新时代出版社，2011：21 - 22.

⑮ 同⑩：3.

⑯ 张晓辉．高师学前教育专业实践教学改革的问题和对策[J]．湖南社会科学，2017(2)：194 - 198.

样态，导致学生的专业认同感低，影响专业信念。第三，实习指导虽名为“双导师制”，但高校方往往由新引进的年轻教师承担实习指导。他们教学任务繁重导致指导时间不足，本身又缺乏指导经验，因而指导效果堪忧；幼儿园方的指导教师即便是较负责任地指导也是凭个人感性经验为主，缺乏一定的科学性和规范性[17]。

以上问题可能在各高师、高职院校的学前教育专业不同程度地存在。就南京师范大学学前教育系而言，由于本科生招生规模没有高职院校大，所以实践教学基地和实习指导教师人数不足的问题并不凸显，但如何选拔更优秀的实践指导教师是我们的问题。同样，我们也存在幼儿园实践和高师教师教育有落差的问题，也一样存在幼儿园指导教师凭个人感性经验指导、高校指导教师以年轻教师为主、双导师间沟通不足等问题。实习生的见、实习质量确实因个人态度和努力程度而异，但见、实习的合理安排以及指导教师的有效指导，是专业见实习基本质量的保障。

（二）“学前教育专业见、实习手册”引领的实践教学及问题

如何能使专业见实习在培养“反思性实践者”的课程体系中发挥应有的作用？“反思性实践者”的培养，不仅要强调“实践取向”，在时间、空间、内容、理念和体系上进行“全实践”的大布局，更要关注实践者的“反思性”特质的养成，即实践者“反思能力”的培养。已有研究指出，师范生实践能力和反思能力薄弱，主要体现在缺乏问题意识，“虽然谈论感慨比较多，但真正落实到针对问题进行反思、梳理、研究、提高的却是凤毛麟角”[18]。另一薄弱点是实习生缺乏信息收集整理能力，导致无法全面准确地判断教育教学活动的问题所在，反思缺乏深度[19]。也有对反思的意义不甚了了，或将反思“仅仅作为负担，体验不到探究的乐趣和能力提高的收获”[20]。究其原因是学校对学生的实践反思要求不高，实践指导教师往往认为反思是学生自己的事，加上自身水平有限，没有也不能进行有效的反思性指导。学生往往不清楚为什么要反思、反思什么和怎么反思，基本处于自发状态。

针对这样的状况，为了使实习生在实习指导教师指导有限的情况下，依然可

---

⑰ 李慧丽．新入职幼儿园教师对本科教育实习的满意度研究[D]．重庆：西南大学，2016．

⑱ 徐美．加强师范生实践反思能力的培养[J]．中国教育学刊，2016(1)：95．

⑲ 同⑱：96．

⑳ 同⑱：95．

以得到规范化、制度化、科学化、专业化的实习指导，不少高职院校学前教育专业编写了实习指导手册[21]。

但有研究者通过对中美教育实习指导手册的比较研究发现，我国教育实习指导手册编制的出发点大多是从管理教育实习的角度，而对教育实习的有效指导则考虑得不多。在专业发展的监控过程上，既没有严格规定的准入标准，专业发展的记录和考核也还有待于提升。在促进专业发展的方法上也还相对比较老套，更加类似于学徒式而非探究模式的教育实习。还有研究者对中美两国学前教育专业的教育见、实习指导手册进行了比较，研究发现：中国手册倾向于指导怎么做，更为注重实习生教育活动设计和实施能力的指导，环境创设能力的指导多聚焦在物质环境，忽视了心理环境创设，缺少对多元主体沟通合作能力的指导；美国手册对实习生专业能力的指导则以反思能力的培养为出发点，在成为反思性教育者的教育实习目标指引下，将反思打造成为贯穿于整本手册的主要内容[22]。

杜威在《为什么必须以反省思维作为教育的目的》一文中说道："思维需要细心而周到的教育的指导，才能充分实现其机能。不仅如此，思维还可能沿着错误的途径，导引出虚假的和有害的信念。"[23] 师范生在本科阶段入学前的受教育背景和生长环境各不相同，思维习惯也有很大差异，但我们相信经过"细心而周到的教育的指导"可以影响或改变其思维习惯，加强"反思性"特质。参考美国教育实习手册的特点，我们认为可以通过有意识突出"反思性"养成的教育见、实习手册来助力反思性实践者专业形象建构。

三、基于OBE理念[24]的、助力反思性实践者专业形象建构的指南编制

实际上，南京师范大学学前教育专业从2011年就开始了专业见、实习手册的编制。为了解决当时的见、实习中的几个主要问题，如：实践类课程目标定位缺乏系统思考，目标较笼统，针对性不强，彼此间缺少有机联系；由于见、实习过程中缺乏高校和基地双方指导教师及学生间多方对话的平台，存在某种程度的

㉑ 张煜莹．专业标准视域下中美学前教育实习指导手册的比较研究[D]．上海：上海师范大学，2018.

㉒ 同⑩：94－97.

㉓ 同⑤：27.

㉔ 即Outcome-based Education（成果导向教育），简称OBE.

沟通障碍；高校方在见、实习中很难把握专业引领的话语权，学生易产生理论与实践距离遥远的体会；以往的见、实习虽有目的及任务，但由于过程中缺少操作工具和程序的支持，指导教师很难对过程进行有效监控等问题，我们初步编制了见、实习手册，那时的手册更似作业单。随着培养方案的修订，实践类课程增加了两学期见习，形成了“1+4+2+1”的实践课程体系。

（一）根据毕业要求重新校准实践类课程目标

我们根据本专业的毕业要求重新审定了课程目标（见表1）。

表1　以毕业要求为参照的见习、实习课程目标

毕业要求维度		见习、实习课程目标
践行师德	师德规范	践行社会主义核心价值观，增进对中国特色社会主义的思想认同、政治认同、理论认同和情感认同。扎根中国大地做学前教育。
		贯彻党的教育方针，以立德树人为己任。遵守幼儿园教师职业道德规范，具有依法执教意识，立志成为有理想信念、有道德情操、有扎实学识、有仁爱之心的好老师。
	教育情怀	具有从教意愿，认同教师工作的意义和专业性，具有积极的情感、端正的态度、正确的价值观。
		尊重幼儿人格，富有爱心、责任心，工作细心、耐心，做幼儿健康成长的启蒙者和引路人。
		认识游戏对儿童的发展价值。
		与幼儿建立信任关系。
学会教学	保教知识	理解幼儿身心发展规律和学习特点，能通过观察和反思来评价儿童在各领域的发展情况，印证儿童发展相关理论。
		掌握幼儿园教育教学的基本方法和策略，注重知识的联系和整合，加深对五大领域关键经验的理解。
	保教能力	能够依据《幼儿园教育指导纲要（试行）》和《3—6岁儿童学习与发展指南》开展教学。
		具有创设教育环境的能力。
		能有意识地提高课程计划和教学设计的能力。
		能逐步提高集体教学活动的能力。
		能逐步提高指导行为的适宜性。
		能通过课堂互动评估系统、学前儿童观察评价系统、档案袋评价等对幼儿和教学工作进行评价。

续表

毕业要求维度		见习、实习课程目标
学会育人	班级管理	日常生活常规管理有效、规范，能冷静智慧地回应幼儿的“挑战性行为”。
		能开展具有情感支持的师幼互动。
		对安全问题具有高度敏感性。
	综合育人	与儿童建立信任关系。
		能以专业的方式指导家庭教育。
		能充分利用社区资源开展活动。
学会发展	学会反思	具有终身学习与专业发展意识。
		理解教师是反思型实践者（认证标准三级）。养成反思习惯，将反思精神贯穿见习、实习始终，逐步提高反思能力。
		能运用批判性思维方法，逐步提高问题省察意识和识别能力，能灵活运用观察、访谈、问卷、作品分析等多种方法开展分析和解决见习与实习中的问题。
		通过见习与实习，对自己未来的职业生涯有一个初步的构想。
	学会沟通	理解学习共同体的作用，掌握沟通合作技能，与实习幼儿园、实习同伴建立积极的合作关系，具有协作精神。
		在见习与实习过程中，具有小组互助和合作学习体验。

（二）专业见习、实习指南内容的确定

根据课程目标，本专业对实践类课程内容进行了整体设计，实现了体系化的要求。主要表现为“打开儿童的世界”及“走进儿童的世界”两次专业见习、“理解儿童的成长环境”的“体验性”实习与旨在“创造适宜的儿童成长环境”的“反思性”实习，构成了层层递进的课程结构。深度上，由于实践课程与理论课程的密切配合，课程内容实现了相互交叉、相互融合和相互促进效果。专业实践类课程总课时已超过一学期（18 周）。其他分领域的教法课程及“学前儿童游戏”等课程内的教学见习不包括在专业见习（1）(2）之中，但旨在读懂儿童、以观察儿童为主的专业见习（1）（2）为这些课程的学习奠定了良好的基础。

“以教育实习为中介，让实习生由理论王国过渡到实践场域，总的来看是一种由理论到实践的单线路径”[25]。为了寻求突破，我们除了在学前教育实习目标的表述中明确提出实习生应养成反思习惯，发展反思能力外，我们还将反思的要

[25] 同[21].

求嵌入到了每个见、实习任务之中，努力使“反思成为理论运用到实践，实践回归到理论的桥梁”[26]。如在每单元的说明中都会提出一些引导学生反思的问题，单元一中令学生关注观察视角的问题、“取长”取向的问题和流水账记录与专业轶事记录的区别问题……这些问题都是学习专业观察要突破的难点。逐个观察任务的设计延用“预设—验证—反思”的思路，每一则见习任务的内容都由简要说明、内容和要求、知识准备、预设观察内容、整理观察记录、对照检核表、反思问题、集体讨论和阶段小结构成。学生去观察前需要作好准备，即熟悉指定领域的指南及 COR[27] 中的相关观察指标，根据所选择的年龄班作出预测，再去现场观察，作出发展水平识别并联系理论进行解释。每个任务要在三个不同年龄班观察，三次预设、三次观察和小组反思，再加上集体反思，足以使学生对儿童的某领域中不同年龄阶段特征、发展序列以及儿童发展的个别差异性产生充分的认识。

经过大一下学期的见习练习，学生的成长是非常明显的。大二上学期的儿童教育概论课的任课老师这么反馈：“理论课上的作业都运用见、实习经验来阐释理论原则……这个学期‘儿童教育概论’讨论氛围特别好，一讨论问题学生就自动坐一起，一个人起来说话开口就是‘我们组’，有心去听别人说话，概括别人的想法，而不是只谈自己的想法——关键是我并没有这样要求他们。估计是平时见习和其他课程常这样做。”可见学生正在逐渐养成反思意识和反思习惯。

单元二中除了继续观察和解读儿童在语言、认知和艺术领域中的发展，我们也引导学生尝试与幼儿建立信任关系，引导学生反思自己与幼儿互动中的语言和行为，并提供互动策略，让学生练习采用“镜面描述”和“开放性提问”等策略与幼儿互动，引导学生尝试多种观察记录方式。我们引介新西兰“学习故事”，引导学生比较思考，让学生理解“学习故事”内在的“观察—评价—计划”的教师日常决策模式。

单元三、四中我们突出实习更重要的价值是“通过做来学（learning by doing）”，我们将陶行知先生提出的“教学做合一”的原理确定为实习的理论基础的做法，旨在使学生通过实习中的“做”获得真知。我们的专业实习共有两次，第一次开设的时间为第 6 学期，共 8 周，第二次开设的时间为第 8 学期，共

㉖ 同㉑.

㉗ 即 Preschool Child Observation Record（学前儿童观察评价系统），简称 COR，是美国高瞻课程模式的观察评价工具。

6周。两次实习的设计为同学们的“实践—反思—再实践”提供了时间上的保障。两次实习的组织方式一直以来都采用分组的方式。根据实习学生人数，我们为每10～12名学生联系一个实习基地，形成一个实习小组，每个实习小组内有1～2名学生在一个班级内实习，构成班级小组或年级小组。班级或年级实习小组每天都会灵活利用时间与班级指导教师进行交流，高校指导教师每周都会组织每个实习点的实习小组进行分享交流。定期或不定期的分享和交流不仅能缓解实习期角色不适应带来的情绪问题，分享经验更促进了实习小组成员个人反思和小组反思的结合，起到了互通有无、资源共享、共同成长的作用。单元一中引进了四步反思法，单元二引进“CLASS”㉘，以“CLASS”中的每个领域及其中的每个维度作为反思依据，植入系统反思的框架，从而提升对师幼日常互动质量的观察评价以及反思改进能力。专业实习为学生提供处身性的反思性实践机会，故造就了许多的可能性，不仅有获得真知、历练能力的可能，还有涵养情意态度、萌生教育机智的机会。而这也正和学前教育专业毕业要求紧密相扣。

概而言之，见实习指南在目标、内容和形式上的更新使其具备了以下特点：

1. 为学生见习寻找新的起点：“向老师学习”转变为“向儿童学习”。

2. 能使学生对“观察视角”有所觉察——“成人立场”对照“儿童立场”。

3. 能支持学生习惯于根据指标识别“儿童行为”，寻求理论解释。

4. 能令学生关注儿童发展的连续性和序列（sequence）。

5. 能使学生理解学前教育是基于儿童兴趣和需求提供支持，促其发展的基本理念。

6. 能使学生积极反思、主动学习、合作交流。

有学生在第一次实习结束后这样总结：

“之前的见习培养了我们即时反思的习惯和能力，而在实习中反思，比较顺其自然，也有点稍稍的不习惯吧。特别是在带班之后，就不能时时提笔就记一篇拿手的实况详录了，因此我也探索了很多记录和反思的方法。如果是带一个集体活动，反思通常会在活动的前、中、后……”（沙恬琰　2020届）

㉘ 即Classroom Assessment Scoring Systerm（班级互动评价系统），简称CLASS，是由美国学者开发的评价师幼互动质量的观察工具。

通过见习培养起来的反思意识和反思习惯支持学生在实习中通过“实践—反思—再实践—再反思”的循环获得成长，同时反思也帮助学生不断获得专业认同，坚定专业信念，更能直面自己的不足，激发前进动力。

“其实在南师学前的这三年，我以为自己已经树立了扎实的、科学的儿童观和教育观，我以为自己已经对儿童有了较为深刻的了解了，直到这次实习，真正走进了幼儿园，走到了小孩子的队伍里，我才发现我所谓的‘了解’，离入门尚且还有很远的距离。

“眼里有孩子、心里有孩子，能够听懂孩子、看懂孩子，也能够‘变成孩子’。这是多么简单的道理啊！这是多么难得啊！‘小孩一点儿也不小！’‘小儿科其实是大学问！’‘学前教育、幼儿教育的学问大着哩！’这些细细的絮语小声小声地，一直萦绕在我的耳畔，一直回荡在我的心底。我知道，我需要用我的一生去读懂孩子，去走进孩子们的队伍里，去变成孩子。”（应宇峰　2020 届）

费曼和布克曼的研究指出，以下状况可以让实习教师从教育实习中真正获得专业成长：“当实习教师体认到教学的核心是引导学生发展求知的方法；当实习教师能加强技巧与养成一种自然反应的能力，能对学生提供帮助与探究学生的学习；当实习教师对他们所观察到的现象与曾经持有的信念有所省思与有所质疑；当实习教师领悟对一些纯理想或教室控制（classroom control）的教学决策与行动所下的判断有其有限性时；当实习教师视经验是学习的一个起点，而不是在教师学习之路上的一个达到终结点的极致高潮。”㉙

见实习指南中前后贯彻的反思精神，让学生不断直面挑战，审视自我，倾听内心的声音。虽然前路并非坦途，但就是这种通过挣扎后看到的光亮让人欲罢不能，从此无法割舍。

用一位同学在实习总结中的一句话来结尾：“虽比想象的要艰难，但比想象的还要幸福。”

㉙ FEIMAN-NEMSER S, BUCHMANN M. When is student teaching teacher education? [J]. Teaching and teacher education, 1987, 3(4): 255 - 273.

“迎上一公里”的理念、举措与成效研究

郑令雯　詹　露　高艺典[①]　王海英

所谓“迎上一公里”，即大学新生并非在正式进入大学之后才开始专业学习，而是在接到大学录取通知书后的暑假便开始，其核心在于“迎上、提前、预知”。“迎上一公里”试图通过一系列具体的专业引领萌发学生的专业意识，使其坚定信心做有智慧、有思想的幼教人。南京师范大学学前教育专业的“迎上一公里”是在综合了国家政策背景、社会发展背景、人才培养背景、南京师范大学办学特色背景与国内外新近人才培养理念的基础上提出的。

一、“迎上一公里”的理念

进入21世纪后，我国学前教育事业迎来了巨大发展。一方面，从中央到地方各级政府都出台了各种支持学前教育发展的政策文件，尤其是2010年的“国十条”、2018年的“深改意见”，极大地推动了我国学前教育事业的发展；另一方面，高等院校学前教育改革也如火如荼，卓越幼儿园教师培养计划、品牌专业、一流学科、一流专业等改革项目相继推出。在这样的大背景下，南京师范大学学前教育专业（以下简称“南师学前”）逐渐提出了“迎上一公里”“服务一辈子”“尚

① 郑令雯、詹露、高艺典为南京师范大学学前教育专业2017级本科生。

师德、厚基础、强能力、重融合、善反思”研究型幼儿教师培养等改革举措。

（一）“迎上一公里”理念的指导依据

“迎上一公里”是南师学前专业建设发展到2015年时的重要创举，也是我们秉持陈鹤琴先生“活教育”思想锐意改革的结果。在“迎上一公里”的探索过程中，我们坚持以学生为中心、学生参与、OBE（Outcome - based Education）教育理念，努力推动本科生成为具有现代专业精神的新时代毕业生。

1. 以学生为中心

1952年，心理学家罗杰斯（Carl R. Rogers）首先提出“以学生为中心”（student-centered）的观点。1976年，联合国教科文组织（United Nations Educational, Scientific and Cultural Organization）发布了研究报告《教与学：高等教育新方法和新资源导引》（Teaching and Learning: An Introduction to New Methods and Resources in Higher Education）。报告认为高等教育扩张给传统大学教学模式和教学方法带来危机，建议各国大学改革传统教学方法，更多关注学生特点、学习过程和学习效果，提出用以“学生为中心”的教学模式取代传统教学模式。21世纪初我国高校开始提出并逐步践行“以学生为中心”的理念，南师学前“迎上一公里”的出发点便是以学生需求和发展为中心，扎扎实实地推进学前教育本科专业人才的培养工作。

2. 学生参与

20世纪80年代，阿斯汀（Alexander W. Astin）提出“学生参与”（Student Involvement）理论 。该理论强调，学生只有积极参与到高校的各项活动中才能学得更好，学生学习就是学生参与的整体过程，学生在有意义的活动中投入的时间越长，付出的努力和精力越多，收获越大，衡量高校教育质量的重要尺度在于能否有效地扩大学生参与的程度。“迎上一公里”旨在通过学生的自我作用，促进学生主动、自由地进行学习与实践。

3. OBE教育理念

OBE教育理念，即成果导向教育或能力导向教育、目标导向教育、需求导向教育。作为一种先进的教育理念，于1981年由Spady等人提出，很快得到人们的重视和认可，成为美国、英国、加拿大等国家教育改革的主流理念。OBE

教学模式，是指教学设计和教学实施的目标是学生通过教育过程所取得的学习成果②。它对院校教学提出学校想让学生毕业时取得的学习成果是什么、为什么要让学生取得这样的成果、如何有效地帮助学生取得这些学习成果、如何知道学生已经取得了这些学习成果等多个问题。

OBE 教学与传统教学的区别，如表 1 所示：

表 1　OBE 教学与传统教学的区别

对比要素	OBE 教学	传统教学
中心角色	学生	教师
育人目的	学生对学习目标的达成	学生对教学内容的吸收
评价途径	过程性、多样性、目标性	期末考试与分数

（二）“迎上一公里”的具体理念

“迎上一公里”理念意在三个方面的达成：首先，学习品质的培养，“迎上一公里”是为了延续学生在高考后的学习势态，保持良好的学习态度和学习习惯；其次，“迎上一公里”可以引发本专业新生的好奇心，激发其对专业的兴趣与对专业学习的期待，形成对专业的喜爱与认同；第三，“迎上一公里”给专业新生独家设计的“学习清单”让其在各种形式的学习探讨中扩大专业视野，提升专业能力。

1. 阅读专业书籍，萌发专业意识

在坚持“以人为本”“以学生为中心”的核心教育理念的基础上，“迎上一公里”的学习主张发挥学生自主性，鼓励通过亲身实践、阅读反思等方式加强学生对专业的了解，萌发对专业学习的意识与兴趣，从而构建专业学习与生活经验融合、理论学习与实践操作联系、中等教育与高等教育接轨的教育理论体系。

2. 奠定儿童视角，唤醒儿童情怀

“迎上一公里”始终秉持着学前教育的基本立场——以儿童为中心，并致力于将儿童立场渗透进“迎上一公里”学习的方方面面。南师学前通过支持学生观察身边儿童、阅读儿童故事、观看儿童电影等激发学生对儿童的兴趣与喜爱，在

② 杨薇．基于 OBE 教育理念推进专科院校学前教育专业人才培养路线浅谈[J]．教育现代化，2018,5(46)：71－73．

观察儿童中发现儿童言行的特点与规律。从学前教育专业的专业性而言，“迎上一公里”立志于在学生心中种下儿童的种子，唤醒学生的儿童情怀，支持学生真正关注儿童，爱上儿童，为了儿童。

3. 扩大专业视野，发展综合能力

“尚师德、厚基础、强能力、重融合、善反思”的研究型幼儿教师不只是从大学课堂开始培养的，也可以提前至录取通知书到达时。“迎上一公里”着眼于本科新生的全面发展，在学习清单中坚持培养学生各方面学习力与研究力。譬如，延续学习动力、自主学习意识、对新事物新领域的好奇心、解决问题的行动力、阅读总结归纳力等。在师生互动中深化学生对儿童问题、教育问题的思考，扩展专业视野，形成专业思维，为学生今后的学习与职业规划奠定基础。

二、“迎上一公里”的主要举措

南师学前的“迎上一公里”始于 2015 年，是在探索教育部“卓越幼儿园教师培养”项目的过程中萌生的创造性举措。我们经过了对五届学生的尝试，积累了一些有益的做法，也不断在进行一些必要的改进。

（一）“迎上一公里”的早期举措

在“迎上一公里”的初期阶段，南师学前主要是通过观察儿童、技能学习、观看影视作品、阅读名家著作等感受性和体验性的内容，启发学生思考，支持本专业新生提前感受专业学习内容，以引导性、开放性的方式进行专业启蒙，为正式进入专业后的学习进行铺垫。

1. 利用多种媒介与学生联系沟通

在如今的信息化与自媒体发达的背景下，大学与大学新生之间的联系方式是多样的，南师学前采用的是“传统信件 + 在线联络”的方式。大学新生在接收到大学录取通知书时即收到了南师学前的一封信，信中介绍了本专业的基本状况，表达了对本科新生的欢迎与期待。此外，本专业还以建立班级 QQ 群、微信群的方式支持学生与教师进行相应的联系与沟通，帮助新生了解本专业情况，答疑解惑。

2. 提供暑期学习清单

“迎上一公里”暑期学习清单主要从观察儿童、技能学习、观看影视作品、阅读名家著作四个方面为本科新生提供暑期学习建议，为学生培养观察能力、掌握艺术技能、锻炼阅读能力、提高分析水平等提供了更充分的时间。

（1）观察儿童

观察能力作为学前教育研究的基本素养，需要学生具有细致的感受力与充分的敏感性，同时具备科学的观察方法。在“迎上一公里”学习中，南师学前提出“观察1～3名0～6岁的儿童，累计观察时间达到10小时”，这为学生了解观察、体验观察、提升观察能力提供了良好机会。

（2）技能学习

南师学前一直注重理论与实践技能的双向发展与相互促进。在“迎上一公里”的学习中建议学生在条件许可的情况下，初步学习艺术技能，包括钢琴、唱歌、舞蹈、绘画、手工、书法等，发现和培养自己的爱好与特长，为入学后的技能学习打下一定的基础。

（3）观看影视作品

对儿童心理的理解与分析是了解儿童、促进儿童发展的重要基础。在“迎上一公里”学习中，南师学前提出“观看一部有关儿童的电影（电视），分析作品对儿童心理的刻画是否真实”，帮助学生关注儿童，初步感受儿童心理，自主搜寻阅读儿童心理学相关内容，培养学生对儿童心理的关注度、敏感度及分析能力。

良好的儿童观是认识儿童、理解儿童、教育引导儿童的重要前提。“迎上一公里”学习中提出“选择收看电视中的儿童节目，分析当前电视节目所体现的儿童观”，这能推动学生反观自己的儿童观、周围人的儿童观、电影电视中的儿童观，为日后的专业学习奠定基础。

（4）阅读名家著作

阅读是最简便最重要的学习技能。名家著作是图书中的精品，是阅读的首选。“迎上一公里”学习提出“阅读《陈鹤琴全集》或至少阅读陈鹤琴先生的一部著作，做好学习笔记”的要求，支持学生从学前教育领域前辈陈鹤琴先生的文字中感受学前人对儿童的喜爱、热情与关怀，研究者的细致、严谨与踏实，教育家的无私、奉献与付出。

(二)“迎上一公里”的调查反馈

通过对南京师范大学学前教育专业2015至2018级本科生的问卷调查，我们共回收有效问卷127份，得到了学生们关于“迎上一公里”学习的反馈。包括得到学生认可之处与有待改进之处。

1. 得到学生认可之处

本科新生对“迎上一公里”的积极反馈包括学习态度、学习量、难度系数三个方面。

(1) 学生对“迎上一公里”学习持积极态度，大多数学生肯定了“迎上一公里”学习对专业学习的帮助。

在对于“迎上一公里”学习所持有的态度上，研究结果显示为有49.6%的被调查者认为是有必要的，可以培养学习者自主学习的习惯和对专业的兴趣，而也有47.24%的被调查者则持一个比较模糊的态度，认为要基于每个人各方面不同的条件情况而定。此外，对于“迎上一公里”学习持无所谓及没有必要态度的被调查者占比均为1.58%。由此可以看出，针对“迎上一公里”学习态度调查，持积极支持态度的占大多数。详见图1。

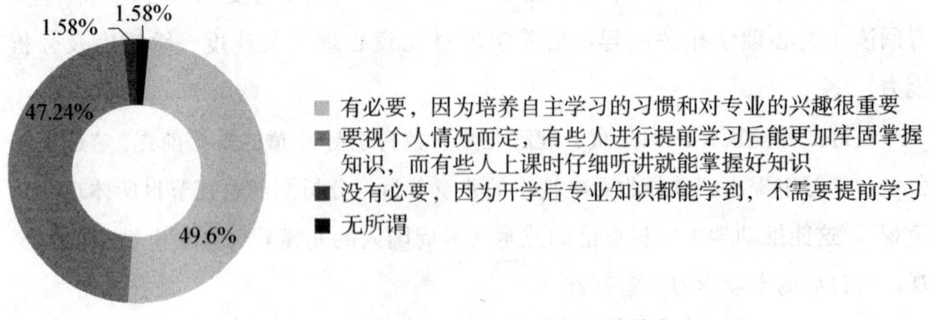

图1 学生对“迎上一公里”学习所持的态度

根据问卷结果显示，大部分被调查者认为“迎上一公里”学习对自身的专业学习有帮助，其中认为有一些帮助的占比为43.31%，有较大帮助的占比为39.37%，认为非常有帮助的占比为10.24%，其余被调查者认为帮助较少或没有帮助。

(2) 学生对“迎上一公里”学习的合理性、学习量与难度表示基本肯定

我们就“迎上一公里”早期举措的合理性向学生们征求了意见。表2展示了有效问卷中学生对认为合适的“迎上一公里”早期举措的选择的人数、占比及其排序。

表2　学生对认为合适的“迎上一公里”早期举措的选择

排序	举措	人数	百分比（每一项占总人数）
1	E. 阅读《陈鹤琴全集》或至少阅读陈鹤琴先生的一部著作并做好读书笔记	86	67.72%
2	C. 观看一部有关儿童的电影（电视），分析作品对儿童心理的刻画是否真实	81	63.78%
3	A. 观察1～3名0～6岁的儿童，累计观察时间达到10小时	75	59.06%
4	D. 选择收看电视中的儿童节目，分析当前电视节目所体现的儿童观	75	59.06%
5	B. 初步学习艺术技能	62	48.82%
6	F. 了解调查相关学前机构	44	34.65%

对于“迎上一公里”学习中所布置的任务形式是否合理的问题，问卷结果显示有96.06%的被调查者认为是合理的，仅有3.94%的被调查者认为“迎上一公里”学习中所布置的任务形式是不合理的。

而对于“迎上一公里”所安排的学习量而言，81.88%的被调查者认为其学习量是适中的，被调查者中认为学习量偏多的人数所占比例为16.54%，偏少的仅占1.58%，由此可见“迎上一公里”在学习量上的安排是比较合情合理的，符合绝大部分被调查者的学习需求与能力。详见图2。

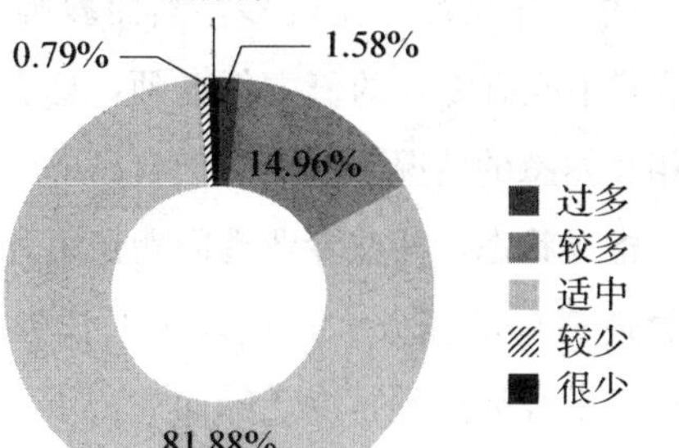

图2　学生对“迎上一公里”学习量的反馈

除此之外，在对于“迎上一公里”学习内容难度的调查中，调查结果显示有86.61%的被调查者认为“迎上一公里”的学习内容有一定的难度，但在自身能接受的范围内，这说明“迎上一公里”学习内容难度符合大多数本科新生的最近发展区。也就是说，既有基础性的要求，也有弹性的要求。详见图3。

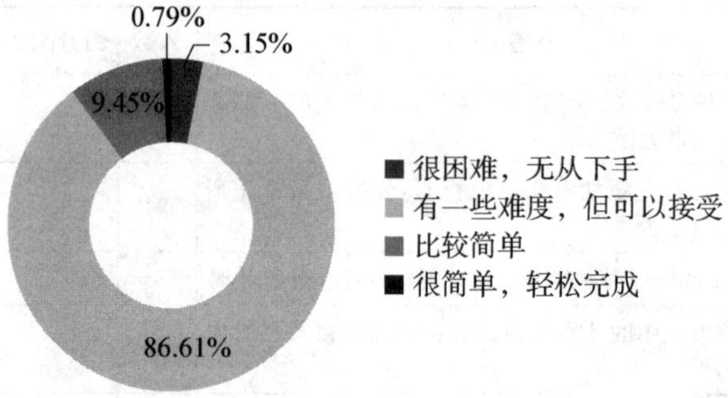

图3 学生对“迎上一公里”学习难度的反馈

2. 存在问题与有待改进之处

通过对问卷调查结果进行分析，在“迎上一公里”的学习过程中，被调查者普遍认为存在以下几个问题。

(1) 缺乏专业知识支撑，深度阅读困难

本科新生由于在高中阶段学习中长期积累的依赖性习惯还未得到很好的调整，加之对自主阅读的畏惧，也不善于通过适宜的手段寻求支持，故在碰到专业概念时无法及时进行化解，难以进行深度阅读。

(2) 缺乏指导交流，疑惑难以及时解决

本科新生对于专业的好奇和疑问比较多，然而教师的指导很难针对到每个人。虽然QQ群、微信群中既有专业的班主任老师，也有高年级的学长们，但本科新生在同学之间未相互熟悉的情况下不愿意把自己的问题公开，而假期期间本科导师还未进入一对一指导状态，一些专业性问题便由此积淀下来，形成阅读与理解的障碍。同时，暑期清单的任务大多偏向个人任务，缺乏同伴间的交流学习，使得学生在学习过程中容易感到枯燥乏味而失去了学习的积极性。

（3）学习任务自由度高，学习动力不足

“迎上一公里”的学习清单是为暑期提供的，采用的是适合大学生的学习方式与学习风格。但由于高中与大学学习方法的区别，大学新生们还不擅长进行自由度高、自主性强的学习活动。习惯了群学与依赖的新生们在面对学习清单时往往感觉无从下手，从而容易产生过度兴奋或彷徨焦虑的学习状态，学习效果差别较大。

（4）内容形式单一化，难以让学生产生兴趣与主动性

在调查中，也有同学反映，学习清单的内容同质性较高，存在一定的单一化倾向。其实，同学们在理解学习清单时存在着一定的误解，把选择性、开放性较大的学习任务简化成了刻板的、固定的任务。譬如，观察儿童、观看儿童电影、了解周围人对儿童的态度、阅读《陈鹤琴文集》等，都是从不同的角度理解儿童，但如果新生把所有问题都当成题目来回答，当成试卷来考试，那所有开放性题目都会变得了无生趣。而且，即便是同质类问题，也可以采取不同难度系数的分解方式，但高中生久已养成的标准答案思维使得本科新生在面对学习清单时容易产生误解。

（三）“迎上一公里”学习改进举措

在对问卷中所收集到的“迎上一公里”的意见与建议进行整理之后，我们提出如下改进措施：

1. 创新学习形式，采用线上课程增加“迎上一公里”学习的系统性

在学习方式上，可考虑增加线上课程或者公开课的学习，既给学生一定的自由学习时间，同时也能提升每个同学的学习系统性。

2. 丰富学习内容，支持学生全面了解本专业

在学习内容方面，考虑增加专业发展与就业的内容，例如让学生了解专业发展前景、专业发展方向、专业就业方向和前景以及教育政策；增加一些专业课程学习的内容，例如让学生了解本科期间的课程安排和培养方案、了解专业理论、初步学习专业技能（音乐、舞蹈、钢琴等）；为了适应学生的兴趣所在，增加观看专业影视、专业相关的文学作品等方面的内容，培养学生对于专业的兴趣，增加对专业的了解；增加社会实践类内容，例如鼓励学生去教育机构进行见习、实

习或兼职，对于从事专业相关职业的人群进行调查访谈等；为锻炼学生的自我反思能力与思维灵活性，拟增加一些自我思考的作业，例如思考自己及周围人对于学前教育专业及儿童的认知并结合专业知识分析问题。

3. 建立师生互动平台与学生交流小组，提升学习效率，强化学习效果

除建群进行基本问题的答疑解惑之外，建立专业学习上的师生交流平台，解决学生在“迎上一公里”中遇到的疑惑和学习上的困难，构建“学生提出＋老师解答”双向互动模式，打造良好的鼓励学习氛围。促进高年级学生与新生之间的联系，形成“一对一”学习交流小组或新生形成学习交流小组相互督促进步，保障学生的问题得到有效反馈，疑问及时解决，提升“迎上一公里”的学习效率，强化学习效果。

三、“迎上一公里”的成效

南师学前以学生为中心，注重发挥学生的学习自主性，自“迎上一公里”实施以来，不断根据学生的反馈完善理念、改进举措，使学生在“迎上一公里”学习中于各个方面均有收获，在本科生“迎上一公里”的培养方式上获得了一些成效。

（一）延续学习动力，形成良好学习态度

新生在高考之后的假期较长，是进行自主学习的良好时机。“迎上一公里”的学习抓住了这个时机，为本科新生提供了各种学习形式和活动，让本科新生自主体会学习，还建立了班级群答疑解惑，保持了本科新生在高考后的学习动力，培养了学生主动、自主、节时、善问等学习态度与学习品质，获得了一个充实有意义的假期。

（二）端正专业态度，构建科学儿童观、教育观

在“迎上一公里”的学习中，本科新生通过阅读学前教育领域名家陈鹤琴先生等的著作，从前辈的观察日记、教育理念、研究思想中不断学习、建构、反思自己的儿童观、教育观。当本科新生能够对儿童产生更多的兴趣时，其自身的好奇心会推动其进一步去探索儿童的世界，去开展更多有质量的深度学习。

（三）初尝专业知识，加深专业认同与专业情感

“迎上一公里”不光有效促进了本科新生对专业实践技能的了解学习、对专业理论知识的储备，也培养了其对学前事业的认同与喜爱。“迎上一公里”的学习鼓励本科新生去了解接触钢琴、声乐、舞蹈等技能，在观看影视作品、阅读著作或实际观察过程中去发现问题，多渠道去查询资料，尝试自主解答问题或理解理论。本科新生在技能实践中体味到了学前课程的丰富多彩，在自主学习与探索中初步了解了学前专业本身与专业相关知识，在名家著作的阅读与师生交流的过程中感受到了学前先辈对儿童的爱与引导，奉献与付出。

（四）培养综合能力，奠定研究性学习基础

“迎上一公里”的学习对本科新生的敏感性、观察能力、阅读能力、分析能力、探索能力、自主学习能力等方面进行了综合性的培养。从阅读名家著作与观察实践两项任务上来看，阅读与观察实践双向促进，阅读帮助本科新生获得观察方法，了解观察过程，学习记录方式；观察实践帮助本科新生联系理论，激发其对幼儿的兴趣与好奇和探索背后原因的期望。“迎上一公里”学习任务之间相互连接紧密，相互促进，推动本科新生在入学之前提高思考的能力、转变与发展认知层次、培养学习与研究的态度、锻炼综合性能力，这些能力奠定了日后学生进行研究性学习的基础。

（五）积累实际经验，思考发展方向

“迎上一公里”的学习激发本科新生去观察、阅读、分析、思考，为后续的专业学习提供了一定的实例储备与经验铺垫；让学生在反思自我、感受现状、了解前景中逐步加深对专业现状动态、专业政策、专业发展等方面的了解与掌握，启发了本科新生对未来发展与人生的规划。

“迎上一公里”自实行以来获得了各级本科新生的支持与积极参与，收获了良好成效。但同时我们也意识到“迎上一公里”理念在建构过程中的问题与不足。我们将广纳各方建议，努力建构有系统、有特色、专业化、国际化的南师学前本科生培养理念。

学前儿童发展实验实训课程建构

郭媛媛

实验是揭示和佐证心理和行为发展规律的重要途径和手段①，学前教育专业学生在充分了解科学的心理实验研究方法的基础上，独立进行实验设计与操作，能够更深入地理解学前儿童发展的基本理论与规律，掌握科研统计方法，并根据实验结果结合理论去解决实际问题。为此，学前教育专业需建构儿童发展实验实训课程，提升学生学习的积极性，培养学生的动手操作实训能力，训练教育科研方法，最终促进其研究反思与创新能力，全面推进学生的专业化成长。

一、实施学前儿童发展实验实训课程的意义

（一）适应学前教育专业学生“研究与反思”能力的培养目标

教育部 2012 年出台的《幼儿园教师专业标准（试行）》（以下简称《标准》）在“基本理念”和“专业能力”部分中对幼儿教师“研究与反思”能力均提出了要求，教师在工作中应“研究幼儿，遵循幼儿成长规律，提升保教专业化水平；……主动收集分析相关信息，不断进行反思，改进保教工作。针对保教工

① 康钊. 关于高师公共心理学实验教学的思考[J]. 长春理工大学学报(高教版)，2009(1)：90－91.

作中的现实需要与问题，进行探索和研究。制订专业发展规划，积极参加培训，不断提高自身专业素质”。

《标准》强调了幼儿教师需具备问题意识和解决问题的能力，在《标准》指导下的新时期高等师范学前教育专业培养目标，则需将培养学生的“研究与反思”能力作为重要内容。学前儿童发展实验实训课程运用心理实验的原理、方法和技术，研究学前儿童发展中的心理与行为。该课程不但能使学前教育专业学生将他们理论学习中的兴趣或困惑以及见、实习中发现的问题作为研究热点和需要，用心理实验的方法手段进行探究学习，获得科学研究幼儿的经历和体验，并不断反思，提升学生的科学实操研究水平，还能通过对研究结果的分析，反思幼儿发展状况与行为表现，从而改善教学，提升保教效果。课程的实施符合现代社会发展、教育改革对幼儿教师的新型要求，同时也为幼儿的健康发展打下良好基础。

（二）“理实一体化”教学背景下，作为专业主干课的有力支架

“学前儿童发展心理学”和“学前教育科研方法”等是学前教育专业主干课程，以集体理论教学为主，学生通过教师的讲授，学习学前儿童发展与科研统计方法相关知识。纯理论讲授，学习传播效率高，但学生不易做到对学前儿童发展的行为与心理发展有直观、深刻的认知，而且不易将所学科研方法实时实际运用，容易造成理论与实践脱节。

“理实一体化”（又称“理论与实践一体化”或“教学做一体化”）能突破理论与实践相脱节的现象，让学生在学中做、做中学，在学练中理解理论知识、掌握技能，这种学习方式增强学生的学习兴趣，边学边练边反思总结，能达到事半功倍的学习效果。

众所周知，心理学的实证性极强，许多理论知识均来源于实验研究。实验是揭示和佐证大量学前儿童心理和行为发展规律的重要途径和手段，对实验结果的整理统计则是将教育科研方法运用至实际。故学前儿童发展实验实训课程能将理论教育和实践教育交替进行，抽象学习和直观学习交错出现，实现传统的“静态听讲”向“动态实训”的学习方式的转变。

学生通过对学前儿童发展各个范畴的实际观察与动手操作，可以达到以下效

果：第一，产生对学前儿童发展知识的兴趣；第二，加深对学前儿童发展规律的认识与理解；第三，掌握儿童发展心理学实验的方法与技术，训练教育科研方法；第四，提升其发现、分析与探索、解决问题的能力，增进其创新意识以及自主学习科研能力，让这些能力成为“学前儿童发展心理学”“学前教育科研方法”的两门课程学习的强有力支架。

（三）满足学前教育专业发展趋势以及专业建设的现实需求

随着国家政策层面的变化，学前教育的财政投入不断增加。面对社会庞大的师资需求，政府在教师准入制度上实行教师资格国家统一考试制度，这对高等院校学前教育专业培养合格的幼儿园教师提出了更全面、更高的要求。而江苏省作为国家普通高等院校师范类专业认证的试点省份，学前教育专业实训室建设亦有相应的要求与规范，领域划分清晰且配套完备的实训室是达到学前教育专业认证标准的必备。

学前儿童发展实验实训课程，将充分利用学前儿童发展实训室，提升实训室使用频率与效率，还赋予学生学习、了解高精尖心理设备，如“眼动-脑电”联合系统、生物反馈仪等的机会，扩大研究范畴与深度，这些措施符合专业认证标准和新时代对幼儿教师全面素养的要求。

二、建构学前儿童发展实验实训课程的策略

学前儿童发展实验实训课程尚未形成体系化的标准模式，根据课程特点、教学与学习方式，笔者特提出以下建构策略：

（一）课程目标

学前儿童发展实验实训课程目标可分为知识、技能、情感态度价值观三个维度。

知识方面，学生通过学前儿童实验实训课程的学习，了解学前儿童发展中感知觉、注意、记忆、人格等多个实验的基本概念与理论、中外研究历史等。

技能方面：第一，学生通过对多个学前儿童发展实验的学习与训练，掌握学

前儿童发展心理现象研究的基本过程、实验方法与技术手段，提高基本实验技能与动手操作能力，最终能根据自己的研究兴趣与需要进行选题，独立设计、组织与实施实验，记录统计数据，提交实验报告。这些行为，有助于培养学生科学的心理研究的思维方式，为撰写学术论文以及进一步深造学习，从事基础理论和实践应用研究奠定坚实的专业基础。第二，学生在真实的幼教情境或创设的实验场所中操作，更深入直观地了解各年龄段幼儿的身心发展特点，从中发现问题，再结合专业理论学习与思考，研究并尝试解决问题，发挥并发展各项专业技能，促进提高自身的教育能力与素养。

情感态度价值观方面，学生在熟练掌握学前儿童发展实验的技术手段与方法基础上，消减了操作心理实验的畏惧感，引发出对心理科学研究的浓厚兴趣，强化了他们进一步从事科研学习的信念。

（二）课程内容

学前儿童发展实验实训的课程内容应紧密贴合学前儿童发展心理学的脉络框架，包含学前儿童的感知觉、注意、情绪、思维（包括观察力、容积守恒、短时记忆、类包含、概括等）、语言、性别角色、个性与社会性、道德、心理与行为问题发展等范畴的实验。每个领域的实验，具体又包括概念回顾、中外研究历史介绍、经典实验设计过程讲解。此外，根据学前儿童发展实训室的硬件资源，另有前沿性的心理学实验研究方法、技术和仪器的介绍，例如眼动追踪仪、脑电仪、生物反馈仪等心理实验设备的操作技巧。这些课程使学生既掌握学前儿童发展心理学基础理论及相关实验方法与技术，同时又对前沿性的研究内容、方法和技术有一定了解。

（三）课程时间

因该门课程以“学前儿童发展心理学”以及“学前教育科研方法”这两门专业主干课为基础，故开设年级段一般为三年级下学期，这也为学生四年级开始毕业论文写作做好研究能力准备。在具体授课时间上，每三周进行一次新实验教学，其中第一周开展实训室教学三课时，第二、三周学生前往幼儿园或实训室进行实验操作、数据整理和报告撰写。

（四）课程考核

学前儿童发展实验实训课程与学前教育专业其他理论课程不同，注重学生的实验设计、操作和基本研究能力的培养[②]。故课程的考核也必须突出实验技能的比重，侧重考查学生对实验过程的理解、独立进行实验设计与操作的能力，检查学生分析和解决问题的能力。

学前儿童发展实验实训课程的考核分为两部分：第一，平时实验成绩。学生在课程学习中，每一个实验均需进行实际操作，通过处理实验结果，分析问题，得出结论，并上交实验报告。教师通过学生的报告对其进行发展性评分，评分占课程成绩的80%[③]。第二，期末笔试成绩。教师组织学生统一笔试，笔试内容为学前儿童发展综合实验设计，笔试成绩占课程成绩的20%[④]。学生从教师提供的多个综合实验中选择一题，现场书写完整的实验过程。

总之，科学建构学前儿童发展实验实训课程，有利于学生在教育现场的实验实训中锻炼分析和解决问题的能力，促进其对“学前儿童发展心理学”与“学前教育科研方法”两门主干课相应知识的理解与运用能力的提升；有利于高校强化心理实验教学，拓展学生动手操作、实验实训的学习方式，培养他们的研究、反思与创新能力，满足国家对学前教育专业学生综合素养的需求，最终提升学前教育质量，提高全民素养。

---

② 梁旗．普通本科院校心理学实验课程教学改革与探索[J]．宜宾学院学报，2011，11(2)：108－110.

③ 寇彧，陈宝国．“普通心理学”教学新探索[J]．高等理科教育，2007(1)：92－95.

④ 康钊．普通心理学实验教学模式改革的实践探索——以高师院校心理学专业为例[J]．教育观察（上半月），2016，5(6)：66－68.

学前教育专业实践基地的建设

——以南京市鹤琴幼儿园的创建为例

张　俊

2015年，南京师范大学学前教育专业（以下简称“南师学前”）因实施教育部“卓越幼儿园教师培养改革项目”和“江苏省高校品牌专业建设工程”的需要，与南京市建邺区教育局开始商议合作创办一所幼儿园作为专业实践基地。经陈鹤琴先生的家属书面同意，该园命名为“南京市鹤琴幼儿园”。第十届全国人大常委会副委员长、中国关心下一代工作委员会主任顾秀莲女士亲笔题写园名。2016年9月1日，该园正式开园。本文旨在回顾三年多来幼儿园的发展，特别是在专业实践基地建设方面的工作，以总结经验、展望未来。

一、创建背景

要创建一所全新的幼儿园作为专业的实践基地，需要全专业教师的决心，因为它意味着巨大的精力和智力投入，而拥有一个自己的实践基地，又是几代南师学前人的夙愿。所以说，南京市鹤琴幼儿园的创建，既继承了南师学前的历史传统，又满足了南师学前当代发展的现实需要。

从陈鹤琴先生开始，南师学前就形成了理论联系实际的学风。1923年，陈鹤琴先生创建了我国第一所实验幼儿园——鼓楼幼儿园。在那里，他开展了中国最早的幼儿园课程实验。20世纪40年代，他在江西创办了中国第一所公立幼稚师范学校。后来他在创办国立幼稚师范专科学校（南京师范大学学前教育学科的前身）时，也建了附属幼稚园。中华人民共和国成立后，南京师范学院学前教育专业仍保持专家、教授兼任幼儿园园长的传统，方观容、周南、张慧和、楼必生等教授都曾有兼任或担任幼儿园园长的经历。

改革开放以后，新一代南师学前人继承了老一辈学者的优良学风，所有的专业教师都有定点的幼儿园作为实践基地，在开展合作实践研究的同时，满足本科生教学实践的需要。这些实践基地虽为本科生提供了必要的见习和实习条件，但毕竟与专业没有直接的行政隶属关系，有些工作难以顺畅开展。

基于以上考虑，时任学前教育系主任的顾荣芳教授决定“举全系之力，办好鹤琴幼儿园”，并由学前教育系派出教师兼任园长，全面负责幼儿园的日常管理工作。全体专业教师就创建自己的实践基地达成了共识，大家一致认为，办好鹤琴幼儿园，创建自己的专业实践基地，将为专业发展带来新的机遇：

第一，有利于解决本科生见、实习的难点需求；

第二，有利于开展一些先导性的教学改革研究；

第三，有利于进一步研究和弘扬陈鹤琴的“活教育”思想；

第四，有利于展现南师学前的品牌形象，强化本专业在业界的领导地位。

二、创建思路

在创建思路上，我们从开始就明确，幼儿园的创建就是实践基地的创建，幼儿园办不好，实践基地也不可能办好。二者是皮和毛的关系，“皮之不存，毛将焉附”。

著名学前教育家赵寄石先生在95岁高龄为幼儿园题写“活教育、全儿童”的园训，勉励幼儿园继承陈鹤琴先生的“活教育”思想，全心全意为儿童服务，培养全面发展的儿童。她特意询问并叮嘱：“幼儿园的班级有多少孩子？班额太小了不行，没有典型意义。”前辈的寥寥数语，向我们提出了办优质、普惠的学前教育的期望，让我们明确了办园方向——不仅要办一所优质的幼儿园，更要办一所典型的幼儿园。

中国学前教育研究会理事长、南京师范大学虞永平教授对幼儿园寄予厚望，殷切希望幼儿园“做陈鹤琴教育思想的实践典范，做落实《指南》的典范，做生活化、游戏化幼儿园课程的实验场，做教师专业成长的摇篮，做学前教育实践策略和理论的培育基地，做儿童美好童年的维护所”。

专家为我们指明了努力的方向，我们也明确了创建的指导思想：

第一，把握幼儿园的发展方向是前提；

第二，提升教师的专业水平和能力是关键；

第三，加强园所与本专业师生的联系是重点。

三、创建的初步探索

在创建初期，幼儿园面临着教师队伍年轻、管理力量不足、管理经验欠缺等诸多难题。但因为有着专业精神的引领和专业力量的支持，经过这些年的努力，幼儿园已经羽翼丰满，正待展翅高飞。我们具体的做法可以归纳为“引领”“开放”“连通”三个关键词。

（一）引领

有引领就有了方向。当下学前教育领域各种理论百花齐放，但也容易令人迷失方向。我们引导幼儿园教师思考和讨论学前教育的原点，明确学前教育的基本价值取向。我们更关注幼儿园教师的职业幸福感，希望其能在职业生涯的初期，体验到幼儿园教师职业的价值和责任。那么“引领”的作用就显得尤为重要。

具体的做法有：

1. 陈鹤琴教育思想的理念引领。幼儿园组织全体员工学习陈鹤琴教育思想，并将其作为日常工作的指针。“活教育”的五大目标不仅是针对幼儿的教育目标，也是教师自身发展的目标。

2. 学前教育前辈的情怀引领。幼儿园邀请已经退休的前辈来园指导，与年轻的教师谈心。她们毕生从教的高尚师德，成为年轻教师成长的灯塔。王志明教授讲述自己刚刚参加工作时的亲身经历，给刚刚上路的新手教师们增强了信心。许卓娅教授跟大家讲如何做快乐的幼儿园老师，也让大家在欢笑声中产生共鸣。

3. 南师大在职教师的工作引领。几乎每周都有本专业的教师前来参加幼儿园的教研。她们以自身的专业素养，帮助教师解决日常工作中遇到的各种问题。

总之，南师学前深厚的底蕴与丰富的资源，对鹤琴幼儿园的发展起到了很好的引领作用。具体体现在教师成长的方向性更明确了，对自身的职业角色更认同了，教师队伍的凝聚力也加强了。连家长也对自己的孩子有机会进入鹤琴幼儿园感到自豪，他们平时被“活教育”影响，抓住机会就向南师大的专家请教、咨询，在外则处处维护着南师大和鹤琴幼儿园的荣誉。在“活教育”的引领下，乐于从教的教师、积极主动的家长、活泼自然的幼儿，成为和谐的“鹤琴一家人”。这个氛围对于尚未进入幼儿园教师角色的学前教育专业师范生来说，具有无穷的吸引力。

（二）开放

有开放才会有创新。从开园时到现在，我们一直抱着开放的态度，接纳来自各方的思想、经验和意见。同时，我们更注重幼儿园教师独立和批判的思考，引导其通过开放的对话与交流，成长为自主和自信的思考者、表达者、行动者，而不是盲目的跟风者。

幼儿园通过各种途径给教师创造学习与交流的机会，具体包括：

1. 聘请南京市的名园长作为幼儿园的顾问，为幼儿园的发展和教师培养出谋划策。贾宗萍、吴邵萍、章丽、汪丽等特级教师曾多次来园，对幼儿园的教育教学工作给予现场指导。

2. 利用南师大的学术影响力和专家资源优势，广邀海内外专家来园现场指导。近年来，陆续有来自美国、日本、澳大利亚等国和中国香港、中国台湾等地数十名专家来园指导。

3. 接待与举办来自全国各地同行的参访和培训数十次。其中包括全国幼儿科学与数学教育研讨会、早期阅读研讨会的代表，以及扬州大学、温州大学、广东第二师范学院等高校代表的来访交流。

4. 组织教师外出参访学习，开拓教师的视野。教师们前往北京小橡树幼儿园、日日新幼儿园、中华女子学院附属实验幼儿园、成都的华德福学校等进行参观学习，这些不同的教育实践经历，让教师们看到了教育的另一种可能。

5. 开展联合教研，交流实践心得。幼儿园每周的园本教研都是开放式的，经常有本地和外地的幼儿园老师前来参与或旁观。除此之外，幼儿园还与北京中科院幼儿园、上海冰厂田幼儿园、无锡市峰影幼儿园、宁波江东实验幼儿园等各地幼儿园开展联合教研，围绕共同的话题进行对话与交流。

6. 最值得一提的是，幼儿园在南师学前的支持下，实施了访问教师制度。从开园始，就聘请南京市各名园的骨干教师来园进行为期一年的驻园访问，这些骨干教师带来了各园的宝贵经验，也成为新教师专业成长的引路人。到后来，访问教师逐渐发展到面向全国公开招募，使得鹤琴幼儿园成为全国幼教界实践经验的汇集地。

以上各种形式的学习与交流，提升了教师的眼界，更开阔了教师的心胸。鹤琴幼儿园给年轻教师创设了宽松的成长环境，给他们试错的机会，“不问对错、只问思考”，逐渐形成了开放与包容的教研文化。这种文化，体现在每一位教师身上。他们虽年轻缺乏经验，但不畏不惧，敢于尝试，敢于表达，更善于反思，更善于倾听。这种文化，势必将借助这些教师的传递，影响在校的师范生。

（三）连通

连通创造价值。在创建过程中，幼儿园与南师学前始终连通在一起。幼儿园的需要就是专业发展的需要，本科教学与本科生发展的需要就是幼儿园的需要。通过全方位、多层次的连通，我们把幼儿园与专业的发展紧紧联系在一起。具体表现在：

1. 管理的连通。我们把南师学前本科教学实践的需求纳入幼儿园的管理工作。学前教育系副主任兼任幼儿园园长，可以最大程度保证各项事务的高效与双向沟通的顺畅。此外幼儿园还成立了教师发展部，具体负责相关的事务，对师生的合理要求尽可能满足。

2. 教学的连通。双方在人员、资源、信息等方面的共享，促进了双方教学质量的提升。一方面，专业教师定期来幼儿园指导；另一方面，幼儿园教师也给本科生开设专业技能工作坊，并定期向本科生进行远程直播，分享实践心得。幼儿园的教研活动与本科生的见习活动常常合二为一，准教师与新教师同台切磋。本科生制作的玩教具作品，既是课程作业，也丰富了幼儿园的活动区。

3. 教师的连通。由于许多幼儿园的教师都是刚刚毕业走出校园，他们与在校生在专业发展上面临着相似的问题。这刚好促成了职前与职后教师培养一体化的探索。幼儿园从成立第二年就开始接受本科生毕业实习，这种互助合作式的实习指导让双方都获得了不一样的体验。很多同学表示，虽然实习指导老师在教学经验上并不比自己丰富多少，但是大家的问题和经历相仿，反而有利于平等和开放的交流，双方都能从中获益很多。

4. 感情的连通。感情是工作的催化剂。除了专业方面的工作外，其他方面的连通也不可少。双方联合举办的党建和工会活动，就是一次次师德教育活动。幼儿园每年的新年联欢、六一儿童节、毕业典礼等活动，都会有南师学前的师生前来参加或表演。

总之，连通的目的就是让幼儿园与南师学前的师生真正成为一家人。园长每年都会对新入职的教师说："不管你们毕业于哪个学校，只要成为鹤琴幼儿园的老师，就永远是南师大的学生。"南师学前永远是鹤琴幼儿园教师发展的依靠。反过来，南师学前的师生也都把鹤琴幼儿园看成是自己的幼儿园，维护着幼儿园的荣誉，关注着幼儿园的发展。

四、小结与展望

以上简单回顾了鹤琴幼儿园暨学前教育专业实践基地的初创过程。鹤琴幼儿园在短短几年的时间里，不仅办园水平得到了社会和同行的认可，而且专业实践基地的功能也得到了发挥。2018 年，还被评为江苏省首批省级教师发展示范基地校。

作为南师学前实践基地，鹤琴幼儿园已经牢牢地打下了"南师学前"的印记：

它是南师学前本科教学改革的参与者。鹤琴幼儿园与其他基地的不同，不仅在于它全天候、全方位地服务于南师学前师生，更在于它主动融入了本科教学改革，为专业的课程与教学提供了鲜活的实践样本。

它是南师学前的实践展示窗口。鹤琴幼儿园秉承陈鹤琴先生的"活教育"思想，在南师学前的专家手把手带领下，短短几年就达到了较高的办园水平，在国内产生了较大的反响，也令学前教育的同行见证了南师学前的专业实力。

它是南师学前师生的精神家园。鹤琴幼儿园可以说是在南师学前师生的关怀下成长起来的。它的每一点成绩，都牵动着全体系友包括毕业生的心。每当鹤琴幼儿园的官方微信有新的文章发布，转发最积极的都是本系的师生。

2019 年 10 月，鹤琴幼儿园承办了南师学前的“系友回家”活动。近百位毕业生从四面八方赶来，就为了亲眼看一看“自己系里的幼儿园”。在那次活动上，大家观摩鹤琴幼儿园的教育活动及教师汇报，探讨专业发展道路上的问题和困惑，为专业实践基地的建设献计献策。

展望南师学前专业建设的新阶段，实践基地的建设也面临很多新的挑战。如何更好地发挥其“实践”的特长，服务于本科人才培养，仍需要理念上的引领、思想上的开放和工作思路上的连通。

真知活学[①]：南师学前学生自主实践平台建设构想

郭媛媛　卢俊岑　刘及晨[②]

随着学前教育改革的不断深化，幼儿教育越来越关注质量，对教师素质的期待也相应提升。高等师范学校作为高素质幼儿教师培养的摇篮，更要承担起培养专业能力强、综合素质高的研究型教师的责任。作为国内学前教育专业的中坚力量，南京师范大学学前教育专业在江苏省品牌专业建设过程中，致力于培养具有“创新的理念、求实的作风、世界的眼光、奉献的精神”的卓越幼儿园教师。新一轮的一流专业建设所涌现的系列挑战促使我们反思现有培养模式的不足，譬如，过多关注理论学习，对学生实践应用能力关注不够，致使学生难以灵活应对幼儿教育中的实际问题等。南师学前一直以陈鹤琴先生“活教育”的方法论作为课程与教学改革的思想引领，以实现“真知活学”的贯通性发展。

一、“活教育”方法论的育人启示

（一）“活教育”方法内涵

陈鹤琴先生“活教育”理论脱胎于杜威的“教育即生活”和“从做中学习”，

---

① 这是黄进教授的提炼，特此致谢！

② 卢俊岑、刘及晨为南京师范大学学前教育专业2016级本科生。

也深受陶行知“生活即教育”和“教学做合一”的影响[③]。其中，“做中教，做中学，做中求进步”是“活教育”教学方法的基本原则，这与古人所传递的“绝知此事要躬行”的意义相仿，但“活教育”方法的内涵不仅仅是“躬行”，更重要的是在实践中激发反思意识，积累直接经验，修正错误，不断反省，不断进步。

陈鹤琴指出，“活教育侧重在做人，活教育的方法也在‘做’”，要在“做中教，做中学，做中求进步”，将“做、学、教”合而为一[④]。“做中求进步”更是对“做”提出了更高的要求。“做”不是简单的程序化运作，不是按照固定程式机械操作，而是需要思维加工、意识参与的“做”，是“知行合一，行中有知”的亲身实践。只有“做”才能获得直接经验，才能缩短“理”与“用”，“技”与“法”之间的距离，才能让“做中教”有所依，让“做中学”有动力，让“教”和“学”紧密联系。如此，学有乐趣，教有效果，做中有进步。

“做中教”凸显活教育教学的特点，不以端坐课堂的教学为重，而着眼于生活的体验，以“实物”作为研究对象，通过实地操作和体验引发直接经验。教师对学生的作用是“教师与学生共同来做，必要时给学生以指导”[⑤]，教师不是紧盯课本的教书匠，而是与儿童共同学习，共同实践的伙伴。

“做中学”与“做中教”的基本内涵一致，都是要让幼儿通过操作实物，实地体验获得知识，“凡是儿童自己能够做的，应当让他自己做；凡是儿童自己能想的，应当让他自己想。你要儿童怎样做，你就应教儿童怎样学”。只有在适当的环境内，让幼儿自己不断试验，才能让幼儿逐渐获得直接感知的乐趣和主动学习的精神。

“做中求进步”建立在“做中教，做中学”的基础之上，既是目标也是效果。“教”为儿童提供适宜的学习机会和学习环境，“学”是儿童主动探索和亲身体验，在实际行动中汲取知识。立足实践的“教与学”，才能获得真正的“进步”。

（二）“活教育”方法的实践育人启示——真知活学

1. 实践出真知

“做”是陈鹤琴“活教育”方法的核心，通过“做”获得知识，通过“做”

---

③ 陈鹤琴．活教育——陈鹤琴教育思想读本[M]．南京：南京师范大学出版社，2012：3．
④ 同③：11．
⑤ 陈虹．陈鹤琴与活教育[M]．长春：东北师范大学出版社，2010：75．

可以检验知识，通过“做”也将继续巩固和发展知识。教育要以“做”为基础，因为“做了就与事物发生直接的接触，就得着直接的经验，就知道做事的困难，就认识事物的性质”⑥，通过“做”吸收的知识才是“真知”。因此，“活教育”视角下的学习，必然以“做”为基础，要求学生在进行专业理论知识的学习时，积极参加专业相关的各类实践活动⑦，通过实际操作获得直接经验，不断激发学生的学习动机，培养主动学习、主动实践的精神，在实践中学习知识、领悟知识、运用知识、检验知识，在“做中学，做中求进步”，让实践贯穿整个学习过程。

2. 活学以致用

“活教育”方法论重视实践，强调活学活用，这对当下教师教育中“学非所用，用非所学”的现象无疑是巨大的挑战。通过实践得来的知识，如果不回归实践，不在实践中得到检验，就算不上完全的“真知”。因此，以“活教育”方法论为基础的学习，必须注重“运用”的学习。将理论与实践结合，鼓励和支持学生参加各种实践活动，包括教育实践活动、社会实践活动、生活实践活动等，支持学生一边“学”一边“用”，为学生创造和提供大量的教育实践的机会，让实践不仅面向个人发展，更面向社会现实需要，真正地做到“活学活用”。

二、学前教育专业学生自主实践的必要性与可行性

（一）自主实践的含义

自主实践是指在教学大纲规定范围之外，由学生自行商讨、策划实践的主题、内容、平台与流程，由学生自愿参加，自主安排组织分工、落实执行细节。自主实践活动是制度化课程教育的补充和延伸。学生团队互相讨论学习，实践教育教学课程理论知识，在实践过程中发挥专业所长，增长智慧，整个过程充分展现自主自愿。有目的、有计划地组织学前教育专业学生开展自主实践活动，是他们深入学习理论知识，转化课堂教育教学、音体美艺术技能的过程，是他们用专业知识服务社会的过程，同样也是他们进行人格塑造、提升社交技能的过程，是教育与训练的相互配合，是理论与实践的有机统一。

⑥ 同③：13－14.

⑦ 朱玲鸽．陈鹤琴幼儿师范教育理论形成研究[D]．湖南：湖南师范大学，2014：15.

（二）学前教育专业学生自主实践的必要性

1. 学前教育专业实践育人的现实需求

幼儿教师属于实践性较强的工作类型，实践对学前教育专业学生的重要性不言而喻。目前我国普遍的学前教育人才培养模式以理论授课为主，辅以艺术技能训练，以及间断的、短期的见、实习培养提升专业能力。学生通过教师的集体理论讲授，学习学前教育学科知识，在较短时间内完成数门课程的知识学习。学生的实践学习以幼儿园见、实习为主，低年级见习，高年级实习。实践学习形式单一，机会不充足，内容有间断，不易支持学生做到对所学理论有即时、直观与深刻的认知，将知识迅速转化，将技能运用熟练，容易造成理论与实践的脱钩。

理论从本质上来源于实践，为实践服务是其最终归宿。理论与实践之间是相互补充、相互渗透、相互作用和相互影响的，只有二者紧密融合在一起，才能够发挥好各自应有的作用[⑧]。要想培养优质的学前教育专业人才，需注意实践技能的提升，在人才培养方式上加强理论与实践的结合力度，延续学生实践时间，扩大学生实践场地与范围。日常课余、周末、假期，都可被利用进行实践，让学生在学中做、做中学。将实践作为一种生活方式，在日常的生活、学习中根据实时情况进行自主实践，运用专业知识，发挥专业技能，加深理论理解，强化教育教学与艺术技能。边学边练边反思，将自主实践作为有力支架，实现“理实一体化”，达成事半功倍的学习效果。

2. 信息化时代终身学习的需求

信息化时代，知识更新频率极大加快，学生在校园内所学已不能受用终生。为适应飞速发展的社会，及时获取有效信息，更新知识结构，学生在毕业离开校园之后也需要保持终身学习的状态。而终身学习的关键之处即在于能够不受时间与空间的限制，不需他人的提醒与督促，自发自主的学习。为此，信息化时代的学前教育必须培养学生终身学习所需的自主学习能力[⑨]，以培养学生独立思考能力和自我管理能力为目标，为学生提供未来独立学习所需的技巧和能力[⑩]。事实证明，自主实践能发挥学生的积极性，增强学生的内在动力，有助于学生将学习

---

⑧ 何丽丽．理论与实践的结合：思想政治理论课的教学方法研究[J]．天津电大学报，2019(12)：61－63.

⑨ 臧严．促进“学习者自主”的必要性与可行性[J]．中国科技信息，2006(1)：134.

⑩ 谭文芬．论学习者自主能力的培养[J]．重庆三峡学院学报，2004，6(20)：96－99.

内化为一种习以为常的生活方式，适应终身学习的要求。

3. 学生综合素养提升的需要

近些年国家对幼儿园教师提出了更高、更全面的要求，《幼儿园教师专业标准（试行）》指出幼儿教师需具备研究与反思的能力，强调幼儿教师的问题意识和解决问题的能力。教育部“高等学校本科教学质量与教学改革工程”要求高校切实加强学生实践能力、创新精神和创新能力培养⑪。教育部《教育信息化 2.0 行动计划》指出，当前尚存在“教师信息技术应用能力基本具备但信息化教学创新能力尚显不足，信息技术与学科教学深度融合不够，高端研究与人才依然短缺”⑫ 等问题，强调信息素养的重要性。

现代社会发展、教育改革对幼儿教师的素养提出全面发展的新型要求。社会对学前教育专业人才培养的要求不仅是知识的掌握，同时侧重于达到独立思考、自主性、个性化、协作创新等更广泛的教育目标。

自主实践活动是提升学生综合素养的有效途径。唯有让学生自主实施实践，亲身经历、动手操作，才能让他们获得科学观察、分析思考、解决问题的综合能力。通过自主实践调动积极性与创造性，发展个性，通过综合性、设计性、研究性的实践活动，促进主动学习、合作学习和研究性学习，提高创新意识、团队协作精神和实践能力，对提升持续发展能力和国际竞争能力具有重要的意义⑬。

（三）学前教育学生自主实践的可行性

1. 学前教育专业的课程内容适合实践操作

学前教育专业以培养幼儿园一线教师为目标，是一门与实践联系极为紧密的专业。专业课程包含理论知识的传授，同时也有专门的教育教学技能、艺术技能的培养与实际操练。如果部分理论课程能再多加强与实践的联系，则会达到更为显著的效果，如“学前儿童家庭教育”“儿童发展概论”“学前教育研究方法与训练”等。这些课程内容给予学生广袤的自主实践空间，实践活动的介入将有力提

---

⑪ 付坤，凌振宝，王金国. 高校工科大学生自主实践创新教育的探索[J]. 实验室研究与探索，2015，34(4)：196－198.

⑫ 中华人民共和国教育部. 教育信息化 2.0 行动计划：教技〔2018〕6 号[A/OL].(2018－04－18)[2020－03－15].http://www.moe.gov.cn/srcsite/A16/s3342/201804/t20180425_334188.html.

⑬ 同⑦：61－63.

升教育教学效果，让学生真正掌握课程内容。

2. 互联网平台突破了实践的时空限制

传统意义上的学前教育实践活动，一般指师生在提前约定的时间，前往幼儿园、社区、博物馆等特定的场所，开展专业活动。这种专业活动经常因为天气、时间、空间、人员、经费等各种客观因素受到限制。随着经济发展与科技进步，网络不可避免地成为学前教育专业学生学习生活的重要空间，是他们锻炼技能、了解知识、应用反馈的重要途径。网络上可被他们采集应用于实践的资源丰富，各种网站以及自媒体平台的出现，更是为自主实践提供了无限空间。

在开放的网络环境中，学生的实践灵动起来，他们运用信息手段与技术，在网络空间制作、发布、传播实践内容，从事网络虚拟实践，突破时空限制，一定程度上避免了传统实践的弊端。学生自主实践的客观物质条件日渐改善，他们在潜移默化中认可自主实践，便利的互联网平台与丰富的网络资源为其实现自主实践提供了可行性。

3. “00后”大学生具备自主实践的主观条件

目前，“00后”已出现在学前教育专业学生群体当中。相对“80后”和“90后”而言，“00后”大学生是在经济飞速发展，物资丰裕、精神自由开放的良好氛围中成长起来的一代人。他们思维活跃，拥有强烈的个体意识。他们善于独立思考，认知维度多元，勇于质疑权威，发表个人观点。他们个性独立，行为开化，向往自由。无论在学习还是生活上，“00后”都具有较高自主性。

学前教育专业“00后”大学生同时也是伴随着互联网蓬勃发展而成长起来的一代人。他们通过自然习得而非专门培训熟悉互联网，掌握网络使用技术。他们对网络高度依赖，利用互联网读书、交友和娱乐，娴熟穿梭于现实与网络之间，自如切换。他们在多种平台汲取知识，利用网络检索收集信息，形成个性化的多元知识结构。他们已不满足于在校集中听讲这种被动学习的传统方式，通过活跃的社群生活体验完全由自己主导的自主探索式学习方式是他们的兴趣所在[14]。学习兴趣独特、学习方式多样、学习内容多元、思想意识独立、网络技术娴熟均保证了学生自主实践的可能性。

---

⑭ 谢冬梅. 基于“00后”大学生特点对设计实践课程的教学探讨[J]. 教育现代化，2019，6(A0)：213－214.

综上必要性与可行性分析，学前教育专业要鼓励与支持学生开发与建设自主实践平台，以便顺利开展自主实践，加深理论理解，丰富实践经验，提升综合素养，以适应行业要求与终身学习发展需求。

三、南师学前学生自主实践平台开发与建设策略

（一）自主实践平台依托形式

1. 互联网线上平台

随着互联网技术的飞速发展，互联网已经成了人们获取资讯的重要来源。而微信公众号、头条号、抖音短视频等平台更是为用户提供了充分的便利，用户既是信息的接收者，也可以成为内容的生产者。这些互联网平台能够成为学生自主实践平台建设的“天然”媒介，不仅免去了自建平台的高额成本，更能够使学生在已有平台的基础上较为轻松地实现内容推广。因此，南师学前自主实践团队将微信公众号、头条号、抖音短视频作为学生自主实践平台的依托，鼓励学生自主运营账号，打造品牌，利用已学专业知识自主进行内容生产，培养学生的信息化素养与创新素养。

（1）微信公众号

微信公众号是腾讯旗下的自媒体平台，依托于社交软件微信。它是公众号运营方与用户进行互动、沟通与对话的平台，也是用户获取信息的重要途径，其多媒体图文的快捷性、易读性备受用户青睐⑮。用户通过订阅特定的公众号，就能在运营者发布新的推送内容后收到通知，并在微信上阅读查看。“分享”功能与“看一看”功能可以起到二次传播的作用，扩大推送内容的受众面，同时亦能吸引更多用户订阅。目前，微信公众号的普及度、微信图文排版的便捷性等，为自主实践平台的打造提供了充足的空间。掌握推送图文的编辑技能，也更有利于学生熟练应对今后工作中可能遇到的任务。

（2）头条号

头条号是今日头条旗下的媒体平台，其产业模式以大数据分析、软文吸粉、打造爆文、粉丝维系为特点⑯，信息推送依托其强大的推荐算法，描绘用户画像，

---

⑮ 黄楚新，王丹．微信公众号的现状、类型及发展趋势[J]．新闻与写作，2015(7)：5－9.

⑯ 张茜，吴明，郝晓雅．“头条号”的产业模式与运营思路[J]．传媒，2019(24)：56－57.

向用户精准推送个性化的内容。搜索功能的设置，也弥补了推荐信息可能存在不足的缺陷，给予用户自主订阅的权利。此外，头条鼓励用户参与内容生产与创作，满足用户沟通与交流的需要⑰，也为学生建设自主实践平台提供了可能。让学生在参与建设头条号的过程中体验、了解现代新闻传媒的方式，有利于培养学生的信息化素养。

（3）抖音短视频

抖音是一款音乐创意类短视频应用，相较于文字和语言的传播，视频图像对人更具有吸引力，也更易被人们理解和接受⑱。抖音借4G网络发展之势，结合短视频短小、冲击力强的特点，迅速俘获一大批用户。其传播呈现出了“科技传播即时化”“呈现方式人格化”“抽象知识形象化”“复杂内容通俗化”的特点⑲，这为学生自主实践平台的打造提供了与生俱来的便利。利用短视频平台，学生可以尝试学习通过拍摄短视频的方式，将抽象的知识以人格化、形象化、通俗化的方式进行展现，让学生真正理解书本知识，并具有将内化知识外显表达的能力。

2. 线下实践平台

线下实践平台是南师学前学生自主实践平台长期规划的重要部分。未来，在线上实践平台形成一定体量的基础上，可以鼓励学生自主与社区、街道、妇联、民政局、博物馆等单位进行沟通交流，开展如亲子活动、读书沙龙等公益活动，在对线上平台进一步宣传的同时，充分发挥社会服务的功能。线下实践平台让学生在自主学习与创造的过程中扎实所学，让家长在实践平台中获取专业信息，在提高学生专业水平的同时，亦能发挥更大的社会服务价值，从而实现“一加一大于二”的作用。

（二）自主实践内容

1. 课程作业展示

充分利用学前教育专业课程设置优势，收集整理与分享各年级学生的课程作业，精选内容，通过平台进行发布。不同类型课程作业面向的群体有所差别，理

⑰ 黄晓慧，李凤鸽. 从“今日头条”看手机新闻客户端的用户体验提升[J]. 传媒，2019(15)：53－55.

⑱ 邓建国，张琦. 移动短视频的创新、扩散与挑战[J]. 新闻与写作，2018(5)：10－15.

⑲ 李霞，陈耕. 抖音与科普：社交媒体传播功能再探析[J]. 传媒，2020(2)：49－52.

论课程与实践课程作业受众多为在校大学生或幼儿园一线教师，技能课程作业（如自制绘本、美工作品等）相对来说更易吸引家长和幼儿。总之，内容和形式多样的课程作业的展示不仅可以为学生的努力赋予价值，也为社会服务做出了贡献。

2. 优质内容筛选和转载

面对令人眼花缭乱的学前教育新闻和热点，大众往往难以甄别真实和有价值的信息。为了改善这一现象，为大众提供更加真实、有意义的信息，实践团队成员负责审核、选取学前教育官方、权威媒体（如中国学前教育研究会等）发布的介绍行业发展动向、幼教大事件、学前行业热点新闻等具有意义和价值的文章或视频与大众分享。

3. 原创内容发布

通过原创文字以及创意音、视频形式展现学前教育相关内容，包括结合目前社会关注的幼教行业热点、积极听取大众需要和意见所发布的文字或音、视频，以及团队自身创意发布的内容。

（三）自主实践类型

1. 课程实践

学前教育专业的课程实践根据课程性质分为两种：第一，以理论课程知识为支撑，学生将其感兴趣或有疑惑的内容付诸实践，在实践中理解与运用知识，解除困惑；第二，学生即时练习实践类课程所授新技能，并巩固原有技能，提升技能技巧。

2. 教育调研

提出问题假设，通过实际的调查研究，了解学前教育各维度、多层面的发展现状，分析问题产生原因，验证并尝试提出解决问题的方法与建议。通过调查进行专业探索，参与课题研究、科研立项和大学生创新性调研项目，初步形成科学研究的专业能力，强化科研素养。

3. 社会服务

竞争激烈的社会造就无数焦虑的家长，不能让孩子落后在起跑线上是家长们的一致共识，然而究竟如何做是合理、合适的，家长自身也疑惑重重。学前教育专业学生利用他们所学，传播科学养育知识，示范正确游戏、体育活动动作，引导父母参与教养，密切亲子关系，服务造福于社会。

4. 综合项目

学生根据专业兴趣点，讨论研究确定某一具有创新性与实操性的主题，以项目小组的形式组合在一起，通过任务分工与团队协作，互帮互学，分阶段有步骤地执行实践，提升团队精神、综合实践与创新能力。

（四）自主实践流程

1. 主题策划

主题策划是学生自主实践的第一步，由各团队成员共同完成。主题策划由团队共同负责，各团队可以结合不同媒体平台的特性，策划具有特色的推送内容。如，微信公众号具有丰富的图文形式，可以结合课程进度，设计策划“课程小组分享精彩内容”“历届毕业论文重点结论”等专题内容，展现南师学前学子思想与风采。又如，结合头条号新闻推送的特性，可以依据时事设计“幼小衔接”“分离焦虑”等即时性的专题内容，及时推送、服务受众。而抖音团队则可以结合短视频内容的特点，策划“自编舞集锦”“绘本导读”“亲子游戏”等主题，以图像与音乐相结合的方式，更加全面地展现南师学子的形象。各团队的策划可以相同，也可以不同，还可以共同合作，共同策划主题或共享资源，减轻团队工作负担、丰富创作表达、提升内容品质。

2. 实践学习

整个南师学前自主实践平台根据运营平台的不同分为不同的小团队。其中，微信公众号与头条号分设策划、审核、编辑三个岗位。策划负责主题内容的构思以及原创稿件的撰写，能够培养学生的创新能力、思辨能力，扎实学前教育专业知识；审核负责根据策划所设定的主题，筛选学生课堂作品、互联网优质内容，并对策划所撰写的原创稿件进行发布前审核，同样能够培养学生的思辨能力、扎实所学；编辑负责对内容团队所撰写的文字内容或筛选转载的文字内容进行图文排版编辑，可以让学生掌握公众号图文编辑这一工作的基本方法。

抖音短视频团队则结合其视频的特性，设置策划与审核、视频出镜主播、视频拍摄与制作三个岗位。其中，策划与审核的工作内容与公众号相似，但其撰写的内容为视频脚本，同时兼任视频发布前的审核工作；视频出镜主播和视频拍摄与制作则负责根据策划的脚本内容，进行视频的拍摄生产与创作。三个岗位各司其职，分别能够提高学生创作能力、口语表达能力以及视频拍摄与剪辑技术。

除去各个内容团队的设立，整个平台还设有一个外联团队，负责内容团队的外联工作，如与各任课教师沟通策划主题、实现师生互动，或是联系网络内容发布者获得授权等沟通联络任务。

各个团队相互协作，学生在自主实践的过程中便能获得不同能力的发展与提升，所有团队都能在实践过程中进一步加强对专业知识的学习，提升学生的专业学习素养与专业认同感。

3. 自评互评与老师评价

评价是南师学前学生自主实践平台工作的重要部分。在一个阶段主题完成之后，团队成员内部开展自评，进行自我反思；各个团队之间开展互评，了解他人工作、提出改进建议。老师评价是评价的另一重要形式，在相关课程主题内容开展时与结束后，老师可以结合专业知识，对学生的实践提出建议与指导，给予学生切实有效的帮助。另外，在学期末，老师与团队成员将结合团队整学期的工作情况，共同决定表彰表现突出、成绩卓越的个人，充分调动学生积极性，让学生得到成长。评价，让团队成员在反思、建议中不断进步、成长，使团队不断提升对于新媒体平台运营的经验，提高专业知识内容表述的能力，真正实现“做中学”“做中教”“做中求进步”。

学前教育本科教学校外兼职教师的遴选与聘用

郑　荔

南京师范大学学前教育专业自诞生以来，校外兼职教师一直在其漫长的发展过程中扮演着重要角色。尤其是自1999年以来，学前教育本科教学转变培养方向，由培养中等幼儿师范教育师资转向培养幼儿园一线教师之后，课程设置进行了较大的调整，对其中美术、音乐、舞蹈等专业技能的要求提高，相应课时也大大增加。这种情况下，校外兼职教师的遴选与聘用成为补充教师资源的重要举措。

一、校外兼职教师选聘意义

（一）高校聘用兼职教师是历史传统

在中国高校发展史上，从创立大学之初，兼职式聘用就是一种重要的师资问题解决方式。民国时期，教师兼职不是个案现象，而是非常普遍。以诗人徐志摩为例，他曾经同时在光华大学、东吴大学和大夏大学三所高校兼职，之后又同时担任北京大学的英文系教授。俞平伯在1935年任清华大学教授之前，也兼任四所大学的课程，在四所大学之间往返奔波[①]。除北京大学、清华大学这些著名学府外，其他高校也普遍存在校外教师兼课的现象。据南京国民政府教育部1931

① 张正峰，李容．民国时期高校教师校外兼课管理制度小考[J]．现代大学教育，2018(2)：37.

年度统计，全国专科以上学校教员 7 053 人，专任教师 4 244 人，兼任教师达到 2 809 人，占教师总数比为 39.8%，这个比例可以说非常之高[②]。

（二）高校聘用兼职教师获得政府支持与社会认可

时至今日，高校教师兼职现象依然存在，并在近年来正式得到国家相关政策的支持。2016 年 11 月 7 日，中共中央办公厅、国务院办公厅印发的《关于实行以增加知识价值为导向分配政策的若干意见》指出："允许科研人员和教师依法依规适度兼职兼薪。"可以说，高校教师依法依规适度兼职获得了国家政策层面的支持。

高校兼职之所以得到国家的允许和支持，是由于就高校本身师资配置来说，接纳兼职教师，能够及时满足高校教学的现实需求，极具弹性地弥补专任教师的不足，是解决师资匮乏的一条行之有效的途径。可以说，兼职是对教育资源的利用与开发，具有极大的灵活性，可谓低投入、高收益，可以在短时间内配置齐师资，满足高校教学和发展的需求。

（三）学前教育专业本科培养具有选聘兼职教师的特殊需求

相比于其他学科，基于学前教育专业本身的特殊性，在学前教育本科生的培养过程中，兼职教师具有更加重要的意义。

学前教育专业具有以下特点：

一是综合性强。学前教育专业具有鲜明的跨学科性，涉及的学科很多，除了教育学、心理学，还有文学、艺术、科学等多门学科，限于教师岗位配置等具体限制，完全由本专业专职教师承担教学任务，是不现实的。例如，就专业技能课程来说，有音乐、美术、舞蹈，而单是音乐课程，就细分为器乐、声乐、音乐欣赏、作曲等等，这些均需要高水准的、高度专业化的师资。南京师范大学定位为研究型大学，本系专任教师要达成学校在学术成就方面的要求，包括发表论文、课题研究等，作为工作质量的主要考评依据。在此情形下，以学术研究为专长的专任教师必然在专业技能上存在短板，本系基础理论课程等方面师资力量配置较

---

② 同①：37.

强，但是舞蹈、美术、形体等课程就一直缺少足够的教师。加之目前高校对于教师岗位的数量有明确限制，学前教育专业本科生教育中要将所有专业技能课程的专任教师配置齐备可以说是极难达到的。这种情形下，选聘校外兼职教师成为顺利完成本科教学必然的，甚至是唯一的选择。

二是实践性突出。学前教育专业实践性突出。从课程设置来说，从第一学期开始，学生就有大量的见习任务；在第六和第八学期，各有一次为期两个月的全天实习。见、实习无疑需要有丰富实践经验的教师进行全面而深入的指导。南京师范大学定位为研究型大学，前面阐述了本校对教师理论研究的高要求，以及把高质量学术论文发表作为教师工作质量的主要考评依据的现实情况，教师对实践的关注难免受到时间、精力的限制，见、实习等教学活动的指导力量有待加强，这些都需要经验丰富的兼职教师进行补充。

综上所述，学前教育专业本科生的培养，具有遴选和聘用兼职教师的必要性。

（四）兼职教师资源丰富，为高质量兼职师资聘用提供了保障

南京是高校云集的文化型城市，这为选聘学前教育专业所需要的校外兼职师资方面提供了丰富的资源，如目前聘用的美术教师来自著名学府东南大学艺术专业。

南京又是中国幼教发源地之一，学前教育水平在全国居于领先地位，有着诸多优秀的一线幼教工作者。江苏作为教育发达省份之一，为优秀师资的培养做了大量工作，打下了良好的基础。如省内开展的“人民教育家培养项目”、特级教师的选拔与培养工作等，都极大地促进了高质量师资的产生。而近年来随着整个文化事业的发展，幼儿园师资中具有硕士以上学历的比例逐年增高，具有实践经验的教师的专业水准进一步提高。这一切都为优秀的校外兼职师资选聘提供了丰富的资源。

二、校外兼职教师选聘原则

选聘校外兼职教师不是一种对师资不足的消极妥协，而是提高和优化本科教

学的积极措施。在遴选与聘用校外兼职教师的过程中，本专业坚持以下原则，以保障师资质量，最终保障学前教育专业本科培养的质量。

（一）兼职教师与专职教师同等要求

校外兼职教师需要与专职教师执行同等的标准，主要包含以下两个方面：一是在遴选兼职教师时，严格把关选聘兼职教师人选的高校任职资历、专业水平和教学能力，既要拓展思路，广为招贤纳士，又要精挑细选，严格把握标准；二是教学过程中，在备课、课堂教学以及课程考试等环节，校外兼职教师与专任教师执行同样的程序与标准。

（二）兼职教师与专职教师保持密切交流与合作

兼职教师在执教过程中，要积极参与专职教师的教学研讨等活动，提高参与度，加强与专任教师的沟通，以保证能够在学前教育本科教学培养目标、原则等方面与专任教师达成共识，保持一致性。

（三）兼职教师选聘作为辅助措施

兼职教师的角色是补充专职教师的不足，整体而言，还是要以专职教师为主，兼职教师为辅。这就要求我们在选聘和使用兼职教师的过程中，针对具体需要聘请校外兼职教师，并且要严格控制兼职教师的规模和比例。

三、校外兼职教师选聘与管理

（一）专需型与拓展型

校外兼职教师从功能上分为专需型与拓展型。前者指某一门课程或者某类教学活动缺乏专任教师师资，必须聘请校外教师；后者指聘请在某一门课程或教学活动中有造诣的老师，对该课程的学习或教学活动给予特殊指导，提高学习效果。专需型是为了完成不可或缺的教学任务，拓展型是为了进一步优化教学，二者功能不同，选聘条件和运作方式都有所差异。

本专业聘用的专业技能课程教师都是专需型兼职教师，主要有美术教师、舞蹈教师、形体教师和声乐教师。本专业聘用的实习指导教师由专需型和拓展型相结合，一方面每年选聘实习园所的实习指导教师；另一方面聘请优秀的特级教师在学生实习中期进行巡回指导，并开设相关讲座。例如，近十几年来，本专业一直聘请优秀特级教师朱静宜老师、陈国强老师进行实习指导。两位老师先观察学生带班活动，再全程听学生的实习公开课，最后针对存在的问题进行指导。这一直是本专业提升学生实习质量的最重要的举措。

（二）固定型与随机型

校外兼职教师从时间上分为固定型与随机型。前者指长期、固定任职的兼职教师；后者则是指根据具体需要，临时聘请的兼职教师，数量上不固定。前述美术、舞蹈、形体、声乐兼职教师，近十年来本专业都没有更换人选。而本专业每年选聘的实习指导教师，除了特级教师朱静宜老师和陈国强老师外，其他指导教师则根据每一次实习时园所的选择和各园的具体情况进行较大的调整，更偏向于随机型。原因主要是因为本专业对实习指导教师的需求量很大，而这些教师都是一线教师，工作强度大，很难固定下来。

（三）个人型与团队型

校外兼职教师按照合作性可分为个人型与团队型。前者指教师以个人身份被选聘；后者指以团队形式被选聘，由多名校外兼职教师组成一个团队，或者校外兼职教师与本系专职教师共同组成教学团队。前述美术、舞蹈、声乐等专业技能课程，一般选聘的兼职教师是个人，而幼儿园实习指导教师则是以团队型运作的。

四、遴选和聘用校外兼职教师的效果

近年来，遴选和聘用校外兼职教师，主要起到了两大作用：一是满足本科培养最基本的需求；二是优化教学，提升和拓展教学效果。具体而言，选聘校外兼职教师在以下方面取得了显著的成绩：

（一）保证了培养目标的达成

校外兼职教师们拥有不可或缺的专业知识与技能，弥补了专任教师的不足，由他们承担相关课程的教学任务，保障了学前教育专业的本科教育培养目标的顺利达成。如本专业美术课程由东南大学艺术专业的一名拥有博士学位的教授担任，声乐和舞蹈课程皆由高校专业教师担任，不但这些课程的教学质量获得保障，而且几位教师还以深厚的专业造诣和高超的教学水平深受学生喜爱。经过这些兼职教师的指导，毕业生入职幼儿园之后，美术、音乐、舞蹈等专业技能水平能够满足工作需要，使他们在教学实习上取得了令人满意的成绩。本专业学生在音乐、舞蹈、表演、美术比赛和展览等活动中均表现良好，成绩不俗。有的学生多次获得“校园十佳歌手”荣誉，有的学生毕业前就有与老师共同创作的儿童歌曲，还有的学生跨专业报考美术专业研究生成功……这些都证明了由兼职教师承担的专业技能课程质量值得肯定。

（二）拓展了教与学的资源

校外兼职教师的聘用，还具有开发教育资源、拓宽信息渠道等功能。在聘用校外兼职教师进行教学的过程中，本专业无形中大大加强了与其他专业的联系，获得相关有益的专业信息，进一步巩固了与幼儿园的联系，从而也为本系专职教师的教学和科研提供了更多的资源支持，从根本上促进了本专业教学与科研的发展。这些使得选聘专职教师这一工作进入良性循环状态，反过来证实了兼职教师聘用的重要意义。

（三）激发了本科教学和科研的活力

当代科学研究非常重视学科的交叉，学科交叉成为创新的重要方法。近年来，学前教育专业在兼职教师的遴选和聘用过程中，自然地形成了不同学科之间的学术交流与融合，学科的交叉为学前教育本身的发展带来巨大的活力。

五、校外兼职教师选聘存在的问题与未来发展

（一）存在问题及改进举措

首先，当前校外兼职教师的薪酬待遇过低，缺少就职的吸引力，影响教

师应聘和教学的积极性，造成师资不稳。从学校层面来说，需要制定相应的制度，将兼职教师视为本校师资的组成部分，提高该类教师的薪酬和应有的各类待遇，激发兼职教师的就职热情，使他们成为本校教育教学中稳定的高质量师资。

其次，兼职教师遴选和聘用的规范性有待提高。目前兼职教师的遴选和聘用过程还未能完全实现规范化管理，应当从学校层面明确管理制度，使得兼职教师的遴选、聘用等每一个环节都有据可依，规范化运作，保证兼职教师选聘质量。

再次，部分校外兼职教师游离于正常教研活动之外，应当采取一定措施，保证校外兼职教师能够全部参与到本专业教学的相关教研活动中。作为研究型大学，高超的科研水平一直是本专业追求的目标，应鼓励兼职教师与专职教师加强科研合作，以更好地发挥他们的作用。

（二）未来发展方向

一是建立兼职教师激励机制。本专业已经认识到兼职教师的重要作用，极为重视兼职教师的选聘，尽量给予兼职教师较好的报酬和待遇。但是，从学校层面来说，兼职教师的待遇还偏低，应该提高报酬，建立有效的激励机制，进一步激发兼职教师的积极性，防止师资流失，使得兼职师资队伍稳步发展，更好地在教学中发挥作用。

二是加强对兼职教师的监督与评估。目前学校对于专任师资有系统的监督和评估措施，但是对于兼职教师，还缺乏符合其特殊性的监督评估措施。应当针对兼职教师的特殊性，制定规范化管理措施。

三是扩大兼职教师选聘的规模。目前校外兼职教师的选聘主要集中在专业技能课程与教学实习指导两个领域，未来应在进一步加强两个已有领域兼职教师选聘的基础上，优化其他领域兼职教师的聘用工作。如在实训室的使用方面，以本专业绘本创作与欣赏实训室为例，目前尚没有聘请得力的兼职教师，如果未来能够聘请绘本编辑、出版人士、优秀的绘本创作者和研究者加入实训室指导团队，对于学生理解绘本和学会赏析与创作绘本，将起到莫大的作用。

四是创造新的兼职师资教学方式。目前学校选聘的兼职教师主要集中在南京市，未来兼职教师的选聘应扩大地域，通过各种途径将国内外适宜的师资都纳入进来。要做到这一点，需要运用现代化技术，如能运用网络授课的方式，将极大地突破地域限制，选聘到更多数量、更高质量的兼职师资。

幼儿园实践指导教师遴选和评估的国际经验

陶　莹

作为学前教育专业本科生培养的关键参与者，幼儿园实践指导教师能否积极地、有意义地参与本科生见习和实习指导过程，对本科生培养质量影响重大。国外众多研究表明，学前教育专业实践指导教师的遴选标准应包括：有效的课堂教学、清晰明确的教学目标、扎实的教学法知识、熟练的课程开发和实施技能、浓厚的专业兴趣、正确的教育理念，以及包容他人的个性品质①。幼儿园实践指导教师应重视与实习生互动的机会，将自己的专业知识毫无保留地与实习生分享，并在指导实习生的过程中促进自身的专业发展②。实践指导教师应成为实习生职业生涯的引路人，在指导过程中不断更新自己的教育理念和改进教育方式③。国内众多学者的研究也指出，学前教育专业本科生教育教学技能的获得及教育实习成效很大程度上取决于幼儿园实习指导教师的指导质量。

长久以来，在学前教育专业本科生实习过程中，对幼儿园实践指导教师的招

---

① MARIA-MONICA P M, ALINA M C. Students-teacher perspectives on the qualities of mentor-teachers[J]. Procedia-social and behavioral sciences, 2014, 116(21): 3559 - 3563.

② SHWARTZ G, DORI Y J. Looking through the eyes of mentors and novice teachers: perceptions regarding mentoring experiences[J]. Procedia-social and behavioral sciences, 2016, 228(20):149 - 153.

③ LZADINIA, MAHSA. A closer look at the role of mentor teachers in shaping preservice teachers' professional identity[J]. Teaching & teacher education. 2015, 52: 1 - 10.

募通常是由高校总体安排，依托当地幼儿园的师资与场所为实习生随机配备指导老师。由于缺乏相应的遴选标准以及评估方式，通常在实习过程中遇到一系列问题，例如实习基地幼儿园选派的教育实习指导教师素质和业务水平参差不齐，实习指导教师对实习指导的认识不清楚④，实习单位对实习认识不足，未能配合高校制订和执行实习计划，在实习过程中存在指导教师不作为等问题⑤。

笔者查阅了美国九所高等学校教育学院自行编制的学生实习指导手册、实践指导教师手册以及相关文件，发现美国高校的学前教育专业在本科生实习过程中采用“双师制”，即为实习生配备两名指导教师，一名是高校指导教师，称为“university supervisor”，指该高校教育学院或学前教育系的教师，类似于国内的实习带队教师；另一名是实践指导教师，称为“mentor teacher”，是指在实习基地工作的全职教师。在各高校教育学院编制的实习指导手册和实践指导教师手册中都明确列出了教育实习的规划与要求、高校指导教师与实践指导教师的角色与职责、实习指导内容与办法以及评价标准与工具。总的来说，美国高校对实践指导教师遴选标准明确，在实习过程中采用自评与他评相结合的策略，从而确保实践指导教师的质量。

一、遴选标准明确

乔治梅森大学教育与人类发展学院编制的实践指导教师手册（*Mentor Teacher Handbook*）中指出：根据该州政府教育部门的要求，实践指导教师必须获得该州的教师资格证，且必须具有至少三年以上的教学经验，持临时教师资格证者不得担任实践指导教师；实践指导教师必须要向实习生传授他们的专业知识和课堂管理经验；要与高校指导教师保持沟通；为实习生提供日常支持和指导并进行反馈，回答实习生的问题并提供建设性意见。

东密歇根大学教育学院的学前教育专业实习指导手册（*Early Childhood Student Teaching Handbook*）中明确了实践指导教师的遴选标准：指导教师已获

---

④ 张凤. 幼儿园教育实习指导教师对本科生实习指导的现状研究[D]. 上海：上海师范大学，2014.

⑤ 但菲，王小溪，刘笑男. 基于结构方程的高校学前教育专业学生教育实习满意度模型[J]. 学前教育研究，2018(10)：36－45.

得教师资格证（幼儿教师资格证者优先）；具有至少两年以上教学经验；获得学校校长或园长的提名或推荐，并且在幼儿教育方面已取得相应的成效。

俄克拉荷马州立大学以及实习单位负责人的手册（*Handbook for Supervisors, Mentor Teachers, and Principals*）中对于实践指导教师的遴选标准更加具体，例如：必须拥有所教授的学科领域、年级水平的资格证书；在其获得教师资格证的地区拥有至少三年以上教学经验；展示出对课程的知识；通过学生的表现证明教学的有效性；掌握指导实习生的基本原则和知识；展示出作为团队成员的素质；是一名优秀的合作者，能够为实习生提供具体和具有建设性的反馈，等等。

堪萨斯大学特殊教育学院的实习指导教师指南（*Mentor Teacher Guide*）中强调教育学院和特殊教育系要求和重视的实践指导教师的素质包括：致力于指导实习生并与高校指导教师合作；持有教师资格证，并在实习生寻求认证的专业领域获得认可；经验丰富，在专业领域至少有三年的教学经验，同时在该领域得到充分认可；被主管部门和其他领域的人认可为高素质和熟练教师；基于模范教学能力和有效导师的素质，由所在学校和堪萨斯大学特殊教育系提名；能够在教学中融入实践研究；志愿成为实践指导教师；善于辅导，指导和监督。

南犹他大学教育与人类发展学院的实践指导教师和高校指导教师在教育实践中的职责说明（*The Role of Mentor Teachers and Supervisors in Student Teaching Practice*）中建议：实践指导教师有三年或更长时间的教学经验；能够建立有效的教学程序并促进专业实践；必须自愿担当实习指导工作，并能够安排充足的时间，为学生提供适当的指导，以及具备评估实习生的能力；必须具备观察和评估实习生的技能，并提供持续的描述性反馈，以促进实习生的积极成长；必须能够清晰地、专业地分享教学法和课堂管理的知识；必须为实习生创造良好的环境，最大限度地帮助实习生获得成功以及从错误中吸取教训的机会。

索诺玛州立大学教育学院的实践指导教师手册和高校指导教师手册（*Mentor and Supervisor Handbook*）中明确规定：实践指导教师必须是在编教师，有至少三年教学经验，并且在实习园所工作满一年；在其领域中具备“高素质”，获得跨文化语言和学术发展证书（证书由加州教师资格证书委员会颁发，以鼓励教师在课堂环境中让学生使用多种语言）；具有灵活性、强大的沟通技巧和对更新专业理念有兴趣；获得园长、校长和高校指导教师的推荐和支持。

亚利桑那大学教育学院的师范生实习指南（*Student Teacher Guidebook*）中指出，高校教育专业实习负责人会定期收到经批准、有资质、有时间带实习生的实践指导教师名单，并在整个学期内持续更新，以确保实践指导教师所教年级、内容和时间安排没有变化。具体遴选标准包括：亚利桑那州认证的全职教师；三年以上工作经验；有兴趣指导实习生，把该项工作作为他们对教师职业责任的一部分；能够作为团队成员，与学校管理部门、高校指导教师和教育学院有效开展合作；愿意与实习生共同制订教学计划和对实习生表现进行评估；不断评估自己作为指导教师的成效，并努力实现自我提升；能够将自己教与学的知识传授给他人，并且对教学和指导实习生表现出积极和热情的态度。

二、自评和他评相结合

美国密歇根州立大学教育学院研发了实践指导教师自评工具，帮助园长根据卓有成效的实践导师应具备的素质来遴选合适人选。卓有成效的指导教师应具备的素质包括四大类：态度和性格、专业能力和经验、沟通技巧、人际交往能力。态度和性格包括：教师具有强烈的职业认同；对幼儿教师职业有着坚定的信仰；愿意作为实习生的榜样；愿意与他人交流想法和信息；擅长反思性实践。专业能力和经验包括：教育学和教学法的专业知识；愿意从实习生那里学习新的教学策略；优秀的课堂管理能力，被同事视为优秀教师。具有良好沟通技巧的教师能够阐明有效的教学策略，愿意认真倾听并能够以积极和富有成效的方式提出批评。实践指导教师重要的人际关系技巧包括保持信任的能力，对敏感问题的关注以及轻松与他人建立融洽关系的能力。此外，还有配套的实践指导教师自评工具，潜在的指导教师通过回答以下问题来考虑自己是否真正希望成为一名实践指导教师。这些问题包括：我应该成为一名实践指导教师吗？如何做到教育性指导？我可以为实习生提供什么？我如何响应实习生的需求？我如何与实习生合作，促进他们的专业成长？如果我决定成为一名实践指导教师，我应该从哪里开始？教育学院还为实习指导教师提供了详细的实习指导指南、课堂观察技巧等学习资料。

中央俄克拉荷马大学教育学院研发了高校指导教师对实践指导教师的评估工具，该评估工具共有30道题，涉及实践指导教师的各项职责，采用5分制进行评估，从 1 分的“不合格”到 5 分的“优秀”不等。具体指标包括：帮助实习生反思其教学是否促进了学生的学习和进步；在实习生教学的各个阶段提供适当的监督；建立融洽关系，促进实习生成功完成教学；定期提供实习生教学表现并对其进行评价；提供实习生教学表现的建设性反馈；了解和支持本校本专业师范生培养方案；了解本校本专业教育实习的主要目的；了解并且会使用实践指导教师手册和其他支持材料；向实习生提供有关学校或幼儿园相关规定和工作流程的信息；认识到指导实习生是一种学习经历；为实习生学习、成长和改变创造积极的条件；表现出有效的沟通技巧；对实习生的教学风格表现出敏感性；与高校指导教师积极合作；帮助实习生认识主要的教学和管理人员；鼓励实习生尝试各种教学策略；指导实习生制订教学计划和活动计划；协助实习生根据评估和反思调整教学方式；为改善实习生的课堂管理技能提供帮助等。

三、结语

学前教育是一个专业性和技术性很强的应用领域，幼儿教师是实践性很强的职业，需要具有较强的教学实践能力，这种能力必须在具体的幼儿园教育教学实践中才能发展和完善。作为实践教学的关键参与者，幼儿园实践指导教师能在多大程度上有意义地、有效地参与实习指导，对本科生培养的质量将产生重要影响。美国各高校教育学院对实践指导教师的遴选标准和评估策略对于我国高校学前教育专业的实践教学有值得借鉴的地方：一是要建立明确和客观的遴选标准，为实习生选配有资质、有能力、有意愿的实践指导教师；二是在实习过程中对实践指导教师的有效性进行评估，促进实践指导教师在本科生教育见、实习环节中的流入和流出，最终实现实践教学师资队伍的良性循环。

毕业生工作困扰与本科培养之间的关系研究

肖宇飞　马诗宇　蒋舒涵　徐　卫[①]　王海英

一、问题提出

近年来，学前教育领域发展迅速，获得了大量的社会关注。《国家教育事业发展“十三五”规划》指出学前教育仍是教育体系中的突出短板，学前教育入园难、教师素质参差不齐等问题长期存在。在师资方面，规划提出幼儿园新入职教师须取得幼儿园教师资格证，加快补充紧缺教师。推动落实幼儿园教职工配备标准，建立幼儿园教师动态补充机制，并鼓励通过政府购买岗位等方式解决幼儿园教师和保育员、保健员短缺问题，着力补足配齐幼儿园教职工。

作为中国学前教育领域的先驱者，南京师范大学学前教育专业致力于培养素质全面、学识宽广、有持续发展潜力并具有创新精神和实践能力的研究型幼儿园师资和学前教育研究人员、幼儿教育行政管理人员等，同时也在不断地反思与调整中培养更适合当今社会发展，拥有更先进、更前沿的教育思想的优秀幼儿园教师。为此，我们一直在结合社会变化发展、国际理念更新调整本科培养方式，改

① 肖宇飞、马诗宇、蒋舒涵、徐卫四人为南京师范大学学前教育专业 2017 级本科生。

良优化课程设置。

我们的本科毕业生走出校园来到工作岗位遇到了哪些困扰？本科培养给他们提供了哪些支持？还有哪些地方需要改进、可以改进？实践是检验认识的标准，并且能够反馈认识。通过对已经拥有幼儿园工作经验的毕业生进行问卷调查与对用人单位园长的访谈，我们能够更充分直接地了解到毕业生在工作中遇到的困扰，在实际工作中我们的毕业生需要提高的地方，并多方面综合信息对本科培养课程进行一定的调整与改革，使我们能够为本科生提供更适合他们未来发展的课程支撑，为学前教育领域输送更优质、与时俱进的研究型幼儿园教师。

二、研究方法

（一）问卷调查法

1. 研究对象

本次调研以“南京师范大学学前教育专业本科毕业生就业或求学现状”为主题，对近 5 年南京师范大学学前教育本科毕业生进行问卷调查，共回收 122 份问卷。其中，男性被调查者 4 名，占比 3.28%；女性被调查者 118 名，占比 96.72%。22.13%的被调查者目前处于求学状态，分布在南京师范大学、华东师范大学、北京师范大学、谢菲尔德大学、格拉斯哥大学；77.87%的被调查者目前处于就业状态，所在单位以幼儿园或教育机构为主。

2. 调查内容

本问卷共 19 道题，总体上分为四个维度：维度一，毕业生基本信息；维度二，本科的生活学习状况及满意度；维度三，毕业后的就业、继续深造、求学状况及满意度；维度四，本科专业培养与工作困扰之联系。具体信息如下：

（1）毕业生基本信息包括：工作或学习单位、毕业年份、工作岗位及职务等信息。

（2）本科的生活学习状况及满意度包括：对南师大本科学前教育专业整体设置、对本科专业实践课程（如实习、见习等）设置、对本科专业理论课程设置、对本科学习期间的学习资源（如图书资源、网络资源、硬件设施、教师指导资源等）、对本科学习期间的学习氛围、对本科在校期间的生活环境、对在校期间学校给予个人的成长支持（就业指导与求学深造指导）、对毕业后学校给予个人的成长支持的满意程度。

(3) 毕业后的就业、继续深造、求学状况及满意度包括：目前工作或求学状态、对自己职业的社会地位、对自己的薪水状况、对自己的工作或求学状态的满意程度。

(4) 本科专业培养与工作困扰之联系包括：本科学习能否有效解决所遇问题、本科专业学习中课程或做法对现在的工作/学习很有/无价值、在工作/学习中需要但并未掌握的本科专业知识或技能及理由、在求职/求学过程中或工作/学习过程中遇到本科学习中没有预想过的困难。

（二）访谈调查法

1. 研究对象

本次访谈的对象为南京、苏州、杭州、厦门等地的七所幼儿园的园长。七所幼儿园中，有三所幼儿园的教师达到了100%本科及以上学历的水平，分别位于南京、苏州、杭州；三所幼儿园的教师学历在本科及以上的比例在76%至90%之间，位于苏州、杭州地区；一所幼儿园的教师学历在本科及以上的比例为40%。

2. 调查内容

访谈形式为半结构型访谈。访谈问题涉及八个方面：

(1) 请简要介绍一下贵园的师资力量组成情况，比如本科学历人数、研究生学历人数、大专学历人数等等。

(2) 您是出于什么样的原因选择了南师大本科学前教育专业毕业生？

(3) 您认为一名优秀的幼儿园老师应该具有哪些品质？您希望聘请到什么样的幼儿园老师？

(4) 您觉得南师大本科学前教育专业毕业生在平时的工作中表现如何？

(5) 据您了解，南师大本科学前教育专业毕业生在工作中会遇到哪些问题或困扰？

(6) 您认为南师大本科学前教育专业毕业生在工作中最突出的优点是什么？

(7) 您觉得南师大本科学前教育专业毕业生在哪方面的能力还有待加强？

(8) 您对学前教育本科教学有什么建议？

三、研究结果

（一）南京师范大学学前教育专业本科毕业生对南师大本科学前教育专业满意度很高

据调查，67.21%的被调查者对南师大本科学前教育专业很满意，其余被调查者对南师大本科学前教育专业满意，无被调查者感到一般或不满意。如图1所示：

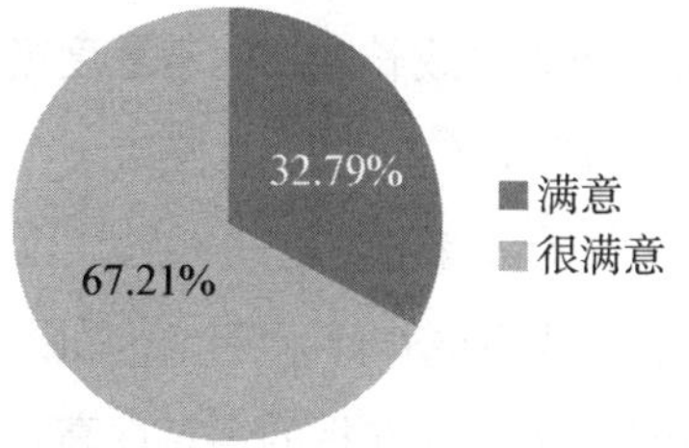

图1 近五年毕业生对南师大本科学前教育专业整体满意度

1. 对本科专业实践课程满意度高

据调查，南京师范大学学前教育专业本科毕业生对专业内实践课程（如实习、见习等）的满意度高。选择“很满意”与“满意”的被调查者占比95.08%，选择“一般”的被调查者占比4.1%。同时，也有一位被调查者对本科专业的实践课程很不满意，认为见习时间与考研复习时间冲突，影响了考研准备，见习与上课同时进行也使自己感到非常疲惫。

2. 对本科专业理论课程满意度高

据调查，南京师范大学学前教育专业本科毕业生对专业内理论课程的满意度很高。选择“很满意”的被调查者占比64.75%，选择“满意”的被调查者占比35.25%，无被调查者感到一般或不满意。

3. 对学习资源（如图书资源、网络资源、硬件设施、教师指导资源等）的满意度高

据调查，南京师范大学学前教育专业本科毕业生对学习资源的满意度较高。对学习资源感到“满意”或“很满意”的被调查者共占比95.9%。

4. 对本科期间学习氛围满意度高

据调查，绝大部分南京师范大学学前教育专业本科毕业生对本科学习期间的学习氛围感到满意。68.85%的被调查者对学习氛围感到很满意，29.51%的被调查者感到满意，仅1.64%的被调查者感到一般，无被调查者感到不满意。

5. 对本科期间生活环境满意度高

在调查中，绝大部分受访者对生活环境感到满意。选择“满意”或“很满意”的受访者占比达93.44%。仅一人对生活环境感到不满意，认为个人生活空间较小，不便于完成美术等课程练习。

6. 对在校期间学校给予个人的成长支持的满意度高

在调查中，绝大部分受访者对在校期间学校给予个人的成长支持感到满意。选择“满意”或“很满意”的受访者占比超过90%。仅一人对在校期间学校给予的个人成长支持感到不满意，认为培养目标可以不局限于幼儿园的老师。

7. 对毕业后学校给予个人的成长支持的满意度高

据调查，南京师范大学学前教育专业本科毕业生对毕业后学校给予个人的成长支持的满意度较高。对毕业后学校给予个人的成长支持感到“很满意”的被调查者占比53.28%，感到“满意”的占比31.97%，感到“一般”的占比14.75%，无被调查者感到不满意。

（二）工作状态与求学状态

在调研中，有77.87%的被调查者处于就业状态。

关于就业后的薪资状况，大多数被调查者认为薪资状况一般，在已就业的被调查者中占比52.63%；部分被调查者对薪资状况感到满意或很满意，在已就业的被调查者中占比38.95%；同时，也有8.42%的被调查者对自己目前的薪水感到不满意。

关于就业后的工作状态，46.32%的被调查者感到满意；部分被调查者认为自己工作状态一般，在已就业的被调查者中占比43.16%；同时，也有部分的被调查者对自己目前的工作状态感到不满意，其中一位受访者认为体制内“规矩”太多，另一位受访者感觉到自己不够上进、安于现状、缺少激情与动力。

在调查中，有22.13%的被调查者处于求学状态。其中，除两名求学者认为自己的求学现状一般之外，其余均表示满意或很满意。由此可见，南京师范大学学前教育专业本科毕业生中求学者对求学现状的满意度较高。

（三）本科培养与毕业生工作角色转变的关系

据调查，大多数被调查者认为本科培养的能力能够支持自己解决工作或学习中的困难，占比76.23%，少数被调查者感到完全没有能力解决或有些力不从心。由此可见，南京师范大学学前教育专业在本科期间培养的能力对解决学生毕业后的困难有很大帮助。

1. 毕业生认为本科培养计划中的专业理论课程、实践课程、技能课价值很大

据调查，受调查的毕业生认为本科培养计划中很多课程都对当今的工作或深造学习产生了十分积极的影响，有很大价值。其中包括学前儿童卫生学、儿童发展心理学、研究方法等理论课程，也有钢琴、舞蹈、美术等技能课程，见、实习的实践类课程，这些课程的学习让他们知道怎么观察儿童、理解儿童，如何在实践中设计教案、进行教学。学前教育系悠久的办学历史和老师们的敬业精神、儿童情怀也深深影响了学生们，让他们立足理论，扎根实践，也培养了国际视野。

极少数毕业生站在自己工作或求学的角度上看待课程设置，已经工作的毕业生认为某些教育哲学课程没有太大价值；已经选择继续求学的则认为部分技能课程从功利角度来说没有太大价值。

2. 一些毕业生认为本科学习时部分课程掌握不牢

据调查，毕业生认为自己在本科学习中部分技能课程掌握不牢，究其原因多为自己练习程度不够；一些专业课程掌握不牢，究其原因是实践太少。

3. 毕业生无论是求学还是就业，对自己当前的状态都有或多或少的困惑，且困惑点较为集中

已经就业的毕业生认为在一些幼儿园的实际问题，如幼儿园课程建设、家园关系方面困扰偏多，解决途径多为向幼儿园有经验的教师请教；继续求学的毕业生多对自己毕业后去向、人生规划产生困惑。

四、访谈调查结果与分析

（一）研究结果

1. 对南师大学前教育本科毕业生（以下简称“南师学前毕业生”）的评价

七名受访园长中，除一位园长对进入该园工作的南师学前毕业生暂时没有深

入了解以外，其余六名园长均对南师学前毕业生持满意态度，并从理论素养、道德品质两个方面给出了较高评价。他们认为南师学前毕业生在道德和才能两方面表现突出，并且有三位园长认为南师大学前教育是值得信赖的品牌特色专业。

理论素养方面，南师学前毕业生在科研水平、学习能力、文化素养、专业功底、逻辑思维上表现出了优势，其中两位园长提到了南师学前毕业生的写作能力较强。另外，两位园长认为南师学前毕业生工作态度积极认真、有责任心。一位园长表示南师学前毕业生在刚进入工作岗位时存在工作经验不足的问题。由此可见，绝大多数园长对南师学前毕业生在工作中的表现感到满意，认为南师学前毕业生在“德”与“才”两方面表现出色，未来发展前景广阔。但也有极少数毕业生存在工作前期经验不足、工作能力较弱的问题。也有园长提到踏上工作岗位之后，有毕业生存在对后续职业生涯规划不清、对发展方向迷茫的问题。

2. 对幼儿园教师的期望

访谈中，七位园长均提到了幼儿园教师职业道德的重要性，其中有五位园长将其视为幼儿园教师必须具有的素养，认为一名优秀的幼儿园教师首先应具备优良的职业道德。幼儿园教师所应具备的优良职业道德素养主要包括爱心、耐心、责任心、敬业、勤奋等。其中有三位园长认为热爱孩子、热爱自己的本职工作是一名幼儿园教师必备的、最重要的素养。另外，四位园长提到了爱心、耐心、责任心等品质的重要性，在面对幼儿园实际工作的挑战和困难时，这些品质尤为重要。由此可见，幼儿园教师是一份对道德素养要求极高的职业，是一份有“人情味儿”的工作，优良的道德品质是一名幼儿园教师必不可缺的素养，也是园所管理者在评价、任用教师时十分重视的因素。

除职业道德以外，还有四位园长提到了专业素养这一重要品质。幼儿园教师的专业素养主要包括理论功底、专业技能、学习能力、反思能力、沟通能力、写作能力、科研水平等。随着时代的发展变化，幼儿园对于教师的需求和定位逐渐发生了转变，除了要求教师具有一定专业技能、保教能力以外，教师的科研能力、反思习惯、理论素养等综合能力决定了教师的教学质量、发展潜力，研究型教师逐渐成为幼儿园的刚性需求。

因此，职业道德、专业素养是优秀幼儿园教师必备的品质。幼儿园教师首先应该热爱儿童，热爱幼儿教育工作，富有爱心、耐心、责任心，具有高尚的师德；其次，幼儿园教师应该在专业素养上不断提升自我，掌握扎实的幼儿教育理论知识，培养反思的能力和习惯，对教学过程中的实践问题具有敏感性，积极尝试运用科学系统的方法研究、解决问题，保持终身学习的习惯。

五、结论与建议

从以上可以得知，南京师范大学学前教育专业培养的本科毕业生无论是继续深造学习还是在幼儿园进行一线工作都有较强的竞争力。根据问卷调查和访谈调查的结果，我们将从毕业生和用人单位两个角度对本科教学提出一些建议：

（一）毕业生对本科教学的期望与建议

1. 职业生涯规划

建议为学生提供职业生涯规划的咨询，举办一些已就职或升学学长学姐的分享会，可以分享考编考研的经验、园所工作经验和升学求学经验等。

2. 理论与实践相结合

建议增加课时学时，要求学生多读本专业的相关书籍；开设艺术欣赏课程，为学生提供一些参观艺术展、博物馆、幼儿绘本展的途径，增加学生理论与实践体验相结合的机会；增加一些优秀幼儿园的见习、实习机会，增加本科生实习中名师指导的时间与机会。

3. 学习形式方面

真正发挥选修课的作用，可以考虑通过网络课程、暑期课程、学习小组等形式开展更丰富的活动与选修课，学生可以根据自己的倾向自主选择。

（二）用人单位对本科教学的期望与建议

1. 增加见、实习机会

七位受访园长中有四位均提到了在理论与实际之间建立联系的问题，建议增加见习、实习带班的机会，并把实习生真实带班的要求提高，让学生有机会亲身接触和体验幼儿园教师的工作，在真实的环境中积累经验、接受磨炼。南师学前毕业生在理论功底方面具有优势，但更需要的是将高位的理论落实到实践中，能够将在学校、课堂、书本中学到的理论知识转化为解决实际问题的方法。两位园长提出了增加本科生与一线幼儿园教师交流的建议，认为学校除了开设专家讲座之外，还有必要请在幼儿园工作的一线教师与学生分享工作经验，让学生对幼儿园实际工作和家园沟通能够有一些初步的了解，这对于毕业生将来进入工作岗位非常重要。

2. 增设关于家园沟通、家长工作的课程

在七位园长的访谈中，有四位园长谈到了南师学前毕业生在与家长的沟通中存在一定的困难，在家长工作方面有待加强。建议开设关于家园沟通、家长工作的课程，丰富学生有关家园工作的知识储备，并进行心理建设，以便日后在实践中将自己学到的理论知识应用到和家长的沟通交流中，获得家长的信任与支持，指导家庭对孩子的教育和发展。除此之外，还有园长提到了关于人际沟通课程的欠缺，建议设置关于沟通、礼仪的课程，培养学生与人交往沟通的能力。

3. 增加技能类课程的比重

有三位园长建议在本科教学中增加弹唱画跳等技能类课程的课时，钢琴、歌唱、绘画、舞蹈等都是在幼儿园经常进行的活动，扎实的艺术功底才能更好地应对幼儿园实际工作的需要。南师学前毕业生在理论素养方面表现得很好，但是技能方面稍显欠缺。在增加技能类课程课时的同时，还应该培养学生在课程结束后坚持练习、进一步巩固的意识和习惯。另外，还有两位园长提到了艺术修养的重要性，建议学校多开设一些艺术修养的课程，培养学生的艺术底蕴。

除了艺术技能类课程以外，有一位园长提到了保育技能培养的必要性。毕业不久的新手教师在踏上工作岗位时，需要尽快学会照顾幼儿的衣食起居，但是许多新手教师缺少健康保育知识，在工作中需要花费大量精力摸索学习，建议增加保育课程的设置，并在保育知识的教学中增加实践的机会。

4. 扩展思维，培养兴趣，全面发展

为培养素养全面、学识宽广、兴趣广泛的综合性人才，建议学校设置课程时可以适当增加选修课的数量，扩展学生思维、眼界，拓宽知识面，发现和培养学生的兴趣。幼儿教育是一个需要教师具有广泛兴趣、综合能力的事业，要“广知”而不是“深知”。因此可以增设不同领域、不同类型的课程，让学生自主选择，在大学本科期间发展、培养兴趣爱好，全面塑才。

另外，有两位园长建议在本科教学中增设关于班级管理、园所管理的课程。南师学前毕业生进入幼儿园之后有许多会从事行政岗位的工作，或是担任主班老师的职位，需要一定管理才能、统筹协调能力。

图书在版编目（CIP）数据

学前教育专业本科人才培养研究 / 南京师范大学学前教育专业编. -- 南京：江苏凤凰教育出版社，2020.9
ISBN 978-7-5499-8909-6

Ⅰ. ①学… Ⅱ. ①南… Ⅲ. ①高等学校－学前教育－人才培养－研究－中国 Ⅳ. ①G61

中国版本图书馆CIP数据核字（2020）第150104号

书　　名	学前教育专业本科人才培养研究
编　　者	南京师范大学学前教育专业
责任编辑	李　丹　陆　旬
装帧设计	刘　俊　葛　玥
出版发行	江苏凤凰教育出版社（南京市湖南路1号A楼　邮编 210009）
苏教网址	http://www.1088.com.cn
照　　排	南京前锦排版服务有限公司
印　　刷	江苏凤凰通达印刷有限公司（电话 025-57572508）
厂　　址	南京市六合区冶山镇（邮编 211523）
开　　本	787 mm × 1092 mm　1/16
印　　张	13.5
版　　次	2020年9月第1版
印　　次	2020年10月第1次印刷
书　　号	ISBN 978-7-5499-8909-6
定　　价	33.00元
网店地址	http://jsfhjycbs.tmall.com
公 众 号	苏教服务（微信号：jsfhjyfw）
邮购电话	025-85406265，025-85400774，短信 025-85420909
盗版举报	025-83658579